인공지능시대,
이제는 성품이 경쟁력이다

인공지능시대,
이제는 성품이 경쟁력이다

초판 1쇄 발행 2025년 2월 28일

지은이 | 강성룡
펴낸이 | 권하연
주간 | 강성룡
편집 | 권진하
디자인 | 양선애
마케팅 | 김성진
펴낸곳 | 코어리더십센터(주)
주소 | 02853 서울시 성북구 고려대로 22, 2층
등록번호 | 2025년 1월 16일 제25100-2025-010호
전화 | 070-7788-1696
이메일 | hokmah7@gmail.com
홈페이지 | www.khope.kr

ISBN 979-11-991147-0-8 13320

※ ⓒ강성룡, 2025
※ 이 책은 저작권자와의 계약에 따라 발행한 것이므로 본 사의 허락 없이는
   어떠한 형태나 수단으로도 이 책의 내용을 이용하지 못합니다.
※ 잘못된 책은 구입하신 서점에서 바꿔드립니다.

※ 책값은 뒷표지에 있습니다.

인공지능시대, 이제는 성품이 경쟁력이다

BEYOND AI

강성룡 지음

목차

들어가는 말 • 7

1장 역량 중심 HRD의 맹점
1. 성품교육은 기업의 사회적 책임이다 • 12
2. 기업 조직에서 성품이 필요한 이유(1) : 경영이슈 • 14
3. 기업 조직에서 성품이 필요한 이유(2) : 역량 중심 교육의 맹점 • 16
4. 기업 조직에서 성품이 필요한 이유 : 조직문화 이슈 • 29

2장 성품의 개념과 성품교육의 위상
1. 성품의 개념 • 38
2. 성격과 성품의 차이 • 41
3. 인성과 비즈니스 성품의 차이 • 45
4. 리더십과 성품의 관계 • 46
5. 성품의 3 차원과 49 성품 • 47
6. 비즈니스 성품교육이란? • 48
7. 기업교육에서 성품교육의 위상 • 52

3장 성품교육의 유익과 성공사례
1. 조직 내 성품교육의 기대효과 • 68
2. 성품훈련을 도입한 대표적인 조직들 • 70
3. 성품훈련이 가져온 성과 • 76

4장 성품개발의 절차와 핵심 스킬
  1. 성품 개발의 절차 • 82
  2. 성품 개발의 핵심 스킬 • 89

5장 성품훈련의 적용영역과 조직문화
  1. 교육훈련 단계 • 98
  2. 시스템 단계 • 104
  3. 조직문화 단계 • 106

6장 성품교육 사례 (1) 성품세미나 및 현장훈련
  1. H그룹 존중(RESPECT) 리더십교육 사례 • 110
  2. L사 성품세미나 및 현장훈련 사례 • 112

7장 성품교육 사례 (2) 캐릭터코칭
  1. 캐릭터코칭이란 • 164
  2. 코칭모델 • 164
  3. 코칭프로세스 • 166
  4. 실시 현황 및 교육성과 • 171

맺음 말 • 173
참고문헌 • 175

들어가는 말

교육이란 '현재 상태로부터 바람직한 상태로의 계획적인 변화'라고 한다.

기업 및 공공 조직에서는 그러한 변화를 만들어 내기 위해 다양한 교육적 솔루션을 제시한다. 기업교육(HRD)은 개인개발(ID: individual development), 조직개발(OD: organization development), 경력개발(CD: career development) 등 세 가지 영역으로 구분되는데 이 중에서 개인개발영역의 리더십교육과 직무교육, 조직개발영역의 조직문화구축 및 조직활성화 프로그램이 많은 비중을 차지하고 있다. 약 30년 동안 기업교육분야에서 교육담당자로, 컨설턴트로, 강사로서 일해 왔는데 언제부터인가 불현듯 교육의 진정한 효과성은 무엇인가에 대한 의문이 들기 시작했다. 왜냐하면, 신입사원 때부터 경영자가 될 때까지 리더십 파이프라인(leadership pipeline)에 따라서 다양한 리더십교육을 받아서 사람과 일을 관리하는 능력은 뛰어나지만 정작 직원들로부터 존경을 받지는 못하는 리더들이 많다는 것을 알게 되었기 때문이다. 셀프리더십, 대인관계스킬, 커뮤니케이션스킬, 팀리더십, 변혁적리더십, 임파워링 리더십, 서번트리더십, 진정성리더십, 멘토링, 코칭, 이미지메이킹 등 리더로서 받아야 할 웬만한 교육은 다 섭렵했는데도 불구하고 정작 함께 일하는 직원들이나 함께 사는 가족들에게 존경을 받지 못하거나 행복한 삶을 누리지 못하는 경우가 꽤 많다는 것이다.

왜 그럴까? 교육이 잘 못 되어서일까? 아니면 교육받는 사람이 잘 못 해서일까?

이도 저도 아니라면 도대체 무엇 때문일까?

결론은 기존 교육이 잘못된 것이 아니라 기존 교육으로는 충분하지 않다는 것을 알게 되었다. 지금까지의 기업교육은 '역량 빙산모형(iceberg model)'에서 빙산 윗부분 즉, 측정 가능한 역량에만 집중하고 있고 빙산 아랫부분 즉, 가치관, 신념, 성품 등은 태생적이고 학습 불가능한 영역이라고 간주하고 있었기 때문에 이 영역이 기존 교육에서 배제되었던 것이다. 2019년 ATD에서 발표된 '코어리더십모델(Core Leadership Model)'에서는 리더십을 리더십 폼(Leadership Form: 리더로서 말하고 행동하는 것)과 리더십 에센스(Leadership Essence: 리더가 되고자 하는 것. 가치, 신념, 철학)으로 구분하고 있는데, 리더십 폼이 바로 기존의 리더십역량을 의미하고 리더십 에센스가 성품(Character)을 의미한다고 할 수 있다. 기존 리더십교육은 주로 리더십 폼(Leadership Form) 즉, 겉으로 보여지는 지식, 스킬, 태도를 길러주는 데 초점을 두다 보니 보이지 않는 가치관, 신념, 철학 등 리더십 에센스(Leadership Essence)에 대해서는 상대적으로 덜 관심을 기울임으로써 사람과 일을 다루는 역량은 뛰어난 반면에 마음으로부터 우러나오는 존경은 받지 못하는 리더십 불균형 현상이 나타나는 것이다.

이러한 불균형을 해결하기 위해서는 기업교육 분야에서 획기적인 패러다임의 변화가 필요하다. 기존의 역량 중심의 HRD(Human Resources Development)을 뛰어넘어 '역량과 성품이 통합된 HRD'로 나아가야 한다는 것이다. 역량이 뛰어난 직원이 반드시 높은 성과를 낼 것이라는 명제는 최근 그 실효성에 의구심이 생기고 있다. 왜냐하면 역량은 뛰어난데 성과를 못 내는 이유를 살펴보니 '몰입'이라는 이슈가 대두되기 시작했기 때문이다. 객관적인 역량은 탁월함에도 불구하고 그 성과를 못 내는 경우는 내적 동기의 결핍에 상당한 원인이 있다는 것이다. 따라서, 기업이 요구하는 고성과를 창출하기 위해서는 역량의 강화와 더불어 직원들의 내적 동기를 변화시키는 것이 기업교육의 진정한 목표가 되어야 한다. 여기서 말하는 내적 동기가 바로 '어떤 대가를 치르더라도 옳은 것을 선택하려고하는 내적 동기' 즉 성품(Character)'을 말한다.

따라서, 성품 기반 교육은 기존 역량 기반의 기업교육(HRD)이 갖고 있는 맹점을 보완하여 기업교육이 추구하는 '바람직한 상태로의 계획적 변화'를 완성하게 될 것이다.

1장

역량 중심 HRD의 맹점

1 성품교육은 기업의 사회적 책임이다

오늘날 정치, 경제, 사회적 이슈들은 우리의 마음을 아프게 한다.
정치인들의 부정과 비리, 미 투 사건, 막말, 직장 내 갑질, 괴롭힘, 성희롱, 비리, 층간 소음으로 인한 이웃 간의 갈등과 불화, 묻지 마 폭행, 부정 입학, 사문서 위조, 사제 간 폭행, 불순종, 불신, 존속 폭행, 살해, 부모 자식 간 불순종, 가정 폭력 등 우리의 삶의 곳곳에서 일어나는 문제들은 대부분 성품의 결여에 기인한 경우가 많다.

가정은 성품의 최초 훈련장이라고 할 수 있다. 하지만 요즘 세대들은 먹고 살기에 바쁘거나 성품 훈련에 관심이 적은 부모 슬하에서 자라다 보니 가정에서 제대로 된 성품 훈련을 받지 못하는 경우가 많다. 또한, 학교에서도 입시 위주의 교육방식으로 인해 성품 훈련을 받을 기회가 적어지면서, 성품이 제대로 훈련되지 않은 사람들이 사회에 진출하게 된다.

코로나19 팬데믹은 많은 가정에 큰 영향을 미쳤다. 코로나 때문에 불행해진 가정과 코로나 덕분에 행복한 가정의 차이는 성품 대화를 하느냐와 퀄리티 타임(quality time)을 갖느냐에 달려 있다. 성품 대화는 가족 간의 이해와 소통을 증진시키고, 퀄리티 타임(quality time)은 가족 구성원 간의 유대감을 강화시킨다. 이러한 요소들이 결여된 가정은 코로나로 인해 함께 해야 하는 시간이 많아질수록 더 큰 스트레스를 받고 불행해질 수 있다. 반면, 성품 대화와 퀄리티 타임(quality time)을 중시하는 가정은 코로나 상황에서도 함께 하는 시간이 많아져서 더 많은 대화를 할 수 있고 행복을 배가할 수 있다.

기업에 주 52시간제를 도입한 것은 성품 가정이라는 측면에서 어떤 가정에는 행복을, 어떤 가정에는 불행을 야기할 수도 있다. 주 52시간제는 가족과 함께 보낼 수 있는 시간을 늘려주어 성품 대화와 퀄리티 타임(quality time)을 가질 수 있는 기회를 제공한다. 이는 가족 간의 유대감을 강화하고 행복을 증진시킬 수 있다. 그러나, 주 52시간제가 도입되었음에도 불구하고 성품 대화와 퀄리티 타임(quality time)을 갖지 않는 가정에서는 오히려 갈등이 증가하고 불행해질 수 있다.

가정이나 학교에서 성품이 훈련되지 않은 사람들은 조직 생활에서도 습관적인 지연, 지시 불이행, 거짓말, 무(無)열정, 잘못된 우선순위, 해로운 습관, 갈등과 불화, 언쟁, 분노조절 장애, 완고함, 정리 정돈 안 된 사무환경 등의 문제를 일으키는데 이러한 문제들은 저항, 고집, 속임, 나태함, 불충실, 무질서, 탐닉, 거절, 자기 연민, 자기중심 등 보이지 않는 성품의 문제에 근본 원인이 있다.

기업은 이렇게 가정과 학교에서 제대로 훈련받지 못한 직원들을 잘 훈련시켜서 조직과 사회에 유용한 인재로 육성할 사회적 책임을 가지고 있다.

2 기업 조직에서 성품이 필요한 이유(1) : 경영이슈

기업이 경영목표를 달성하고 궁극적으로 조직의 비전을 실현하기 위해서는 조직 구성원들이 각자에게 요구되는 역량을 갖추고 업무에 몰입함으로써 최상의 성과(best performance)를 창출해야 하는데 이러한 몰입은 직원의 도덕감정 즉, 성품에 의해 좌우된다고 할 수 있다.

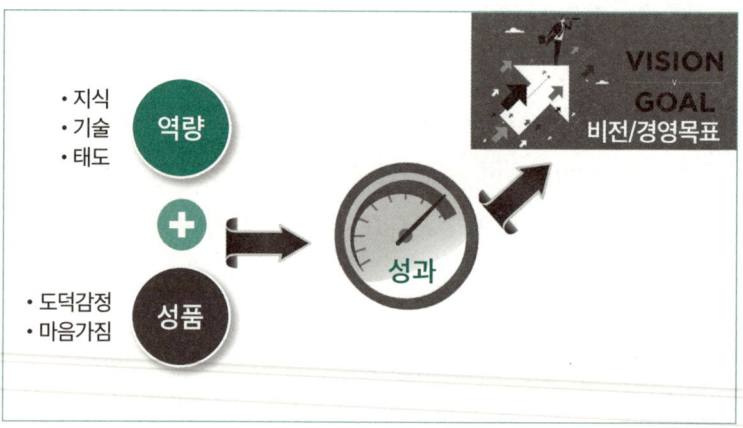

핵심인재가 사업 성공에 중요하다는 것은 사실이다. 하지만, 오늘날 안정적인 수익을 오랫동안 유지하는 최고의 기업이란 그 직원들이 아무리 '평범'하다 할지라도 개개인의 잠재력을 최대한 발휘되도록 돕는 회사이다. 또한, 평범한 직원이 잠재력을 발휘할 수 있도록 하는 과제는 직원들이 가진 지식의 양이 아니라 마음의 문제이다. ('위기극복의 힘, 인성수업' 중에서)

기업에서 일어나는 수많은 경영 이슈들의 근본원인을 살펴보면 역량과 더불어 성품이 조직 경쟁력의 핵심 요소임을 알 수 있다.

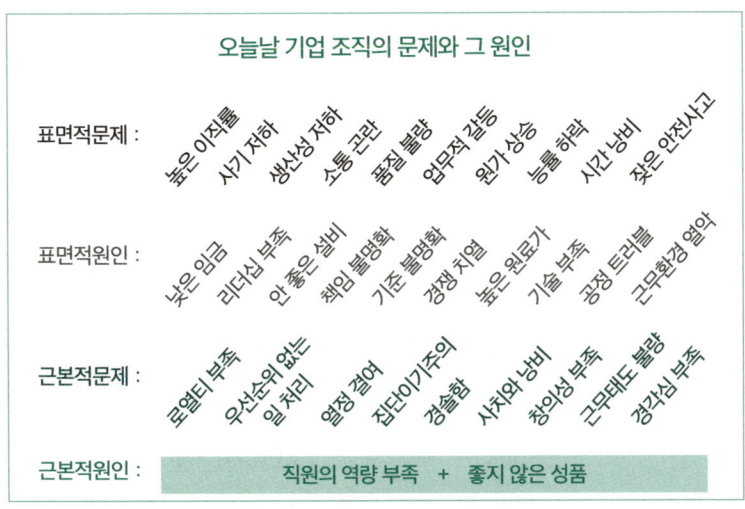

　기업에서 주로 발생하는 문제로는 높은 이직률, 사기 저하, 생산성 저하, 소통 곤란, 품질 불량, 업무적 갈등, 원가 상승, 능률 하락, 시간 낭비, 잦은 안전사고 등이 있다. 이러한 문제들이 발생할 때 기업 조직에서는 일반적으로 표면적 원인 즉, 낮은 임금, 리더십 부족, 안 좋은 설비, 책임 불명확, 기준 불명확, 경쟁 치열, 높은 원료가, 기술 부족, 공정 트러블, 근무환경의 열악 등에 문제해결의 초점을 두고 많은 시간과 노력을 기울인다.

　예를 들어서, 직원의 이직률이 높아지거나 사기가 떨어지면 그 원인을 낮은 임금, 리더십 부족에 있다고 보고 처우를 개선하거나 리더십 향상을 위해 리더들에 대한 교육을 실시한다. 하지만, 처우를 개선해도, 리더들에 대한 교육을 해도 직원의 이직률이나 사기 저하 문제가 근본적으로 해결되지는 않는다. 왜냐하면, 표면적인 문제에 대한 표면적인 원인을 해결하는 것은 눈에 보이는 문제만을 치료하는 처방이기 때문이다.

기업 내 이슈들을 좀 더 면밀하게 들여다보면, 충성심 부족, 우선순위 없는 일 처리, 열정 결여, 집단이기주의, 경솔함, 사치와 낭비, 창의성 부족, 근무태도 불량, 경각심 부족 등의 근본적인 문제가 있음을 알 수 있는데, 이 문제들의 근본적 원인에는 직원의 자질 즉 역량의 부족과 좋지 않은 성품이 있다.

예를 들어, 직원의 이직률이 높거나 사기 저하라는 표면적 원인이 리더십 부족이라고 판단하고 상사인 리더들을 대상으로 리더십역량 향상을 위해 노력을 한다고 모든 문제가 해결되는 것은 아니며 부하인 직원들의 성품, 열성, 유용성, 충성심 등의 성품도 함께 개발되어야 필요충분한 솔루션이 될 수 있다는 것이다. 이는 신세대와 구세대 간의 성품 매치(character match)가 조직적응 내지는 조직문화 적합의 토대가 되기 때문이다.

3 기업 조직에서 성품이 필요한 이유(2) : 역량 중심 교육의 맹점

지금까지의 기업교육은 '역량 빙산모형(iceberg model)'에서 빙산 윗부분 즉, 지식과 기술, 행동양식 등 측정 가능한 역량에만 집중하고 있고 빙산 아랫부분 즉, 태도, 가치관, 사고방식, 성격, 성품 등은 태생적이고 학습 불가능한 영역이라고 간주하고 있었기 때문에 이 영역이 기존 교육에서 배제되었던 것이다.

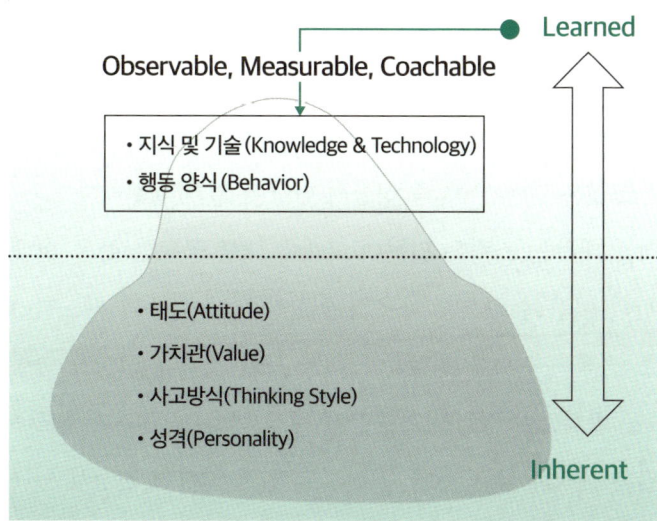

<역량 빙산모형>

특히, 빙산 아래 영역에 대한 교육은 주로 사기 앙양이나 동기부여, 팀웍 강화를 위한 조직활성화 프로그램 위주로 이루어졌는데 일회성 교육에 그쳤고 근본적이고 지속적인 변화는 가져오지 못한 것이 사실이다.

지금까지의 기업교육은 '밑 빠진 독에 물 붓기'였다라고 해도 과언이 아닐 것이다.

교육은 '콩나물시루에 물 붓기'라고 한다. 꾸준히 물을 주면 모르는 사이에 쑥쑥 자라는 콩나물처럼 사람도 꾸준히 교육하면 어느새 성장해 간다는 의미이다.

인간의 성격 유형을 이해하고 사람을 대하거나 일하는 스킬을 다 습득했는데도 마음이 내키지 않는다. 어떤 때는 아는 것이 병이 되기도 한다.

커뮤니케이션 강사가 커뮤니케이션이 안 되고 CS강사가 고객서비스가 안된다. 리더십 강사가 리더십이 없고 코칭 전문가나 상담 전문가가 자신의 자녀들 문제를 해결하지 못한다. 지식과 기술이 없어서가 아니다. 그것은 밑빠진 독 즉 성품의 바탕이 없기 때문이다.

고객을 대하는 스킬은 있는데 고객에 대한 긍휼한 마음, 환대의 마음, 후함의 마음이 없으면 아무리 친절한 말과 행동과 태도를 보인다고 해도 고객은 진정한 친절을 느끼지 못할 것이다. 리더가 숙달된 코칭기술을 발휘하여 경청하고 공감해 주고 반응해 준다고 해도 부하에 대한 깊은 애정과 긍휼, 존중감을 갖고 있지 않다면 진정성 있는 코칭이 될 수 없다.

대면하지 않고 재택근무를 하는 언택트(untact) 시대에는 업무 지식이나 스킬 이상의 것이 요구된다. 아무도 보지 않는 곳에서 최선을 다하는 마음가짐과 자세 즉, 신뢰성, 창의성, 책임감, 철저함의 성품을 필요로 하는 것이다.

앞으로의 기업교육은 역량 중심의 HRD가 채워주지 못했던 빙산 아랫부분에 초점을 두어야 한다.

미래학자 패트리셔 애버딘은 그의 저서 《메가트렌드 2010》에서 21세기를 '영성(spirit)의 시대'라고 명명하며 윤리의식이 투철한 회사의 제품을 선호하게 될 것이라고 했다. 21세기에는 기업의 조직문화가 핵심 경쟁력이 된다는 의미이다.

경영학에서 '전략의 동일화 현상'이라는 말이 있다. 동일한 업종의 두 회사의 전략을 수립하고 나서 서로 비교를 했는데 회사 로고를 지우고 이 회사가 어느 회사인지 맞춰보라고 하니까 못 맞췄다고 한다. 그만큼 이제 전략이라는 것이 동일화되는 현상이 일어나고 있다는 것이다.

그렇다면 기술력은 어떨까 살펴보면 기술력 또한 전 세계적으로 평준화가 일어나고 있다. 중국이 미국하고 경쟁하고 한국과도 경쟁하고 있어서 기술력의 차이도 크게 느끼지 못하는 시대가 되었다.

그렇다면 우리가 강조하는 역량은 어떨까? 세계적인 회사와 개발도상국가의 회사들과 역량의 차이가 크게 날까? 그렇지 않을 수 있다는 것이다.

그래서 경쟁력에 있어서 기술력도 아니고 전략도 아니고 역량도 아니라면 앞으로 어떤 것들이 다른 회사와의 차별화된 경쟁력이 될 수 있는 것인가?

그것은 바로 직원 한 사람 한 사람의 성품이라는 것이다.

이처럼 '전략의 동일화 현상'과 같이 조직 간에 역량의 차이(Gap)도 점점 줄어들고 있기 때문에 역량이 그 조직의 경쟁력을 보장해 주지는 못한다. 쉽게 따라 할 수 없는 차별화된 '영성 기업(spiritual company)'을 실현하기 위해서는 영성의 기반이라고 할 수 있는 조직 구성원들의 성품을 개발할 필요가 있다.

1) 리더십교육의 맹점

스티븐 코비(S. Covey)에 의하면 리더십이론은 크게 두 가지 접근으로 구분되는데 특성론, 행위론, 상황론, 변혁적 리더십이론은 '성격 중심적 접근'이고, 슈퍼리더십과 진정성리더십은 '성품 중심적 접근'이라고 할 수 있다. 성격 중심 리더십 접근은 리더(또는 직원)가 팔로워(Fol-

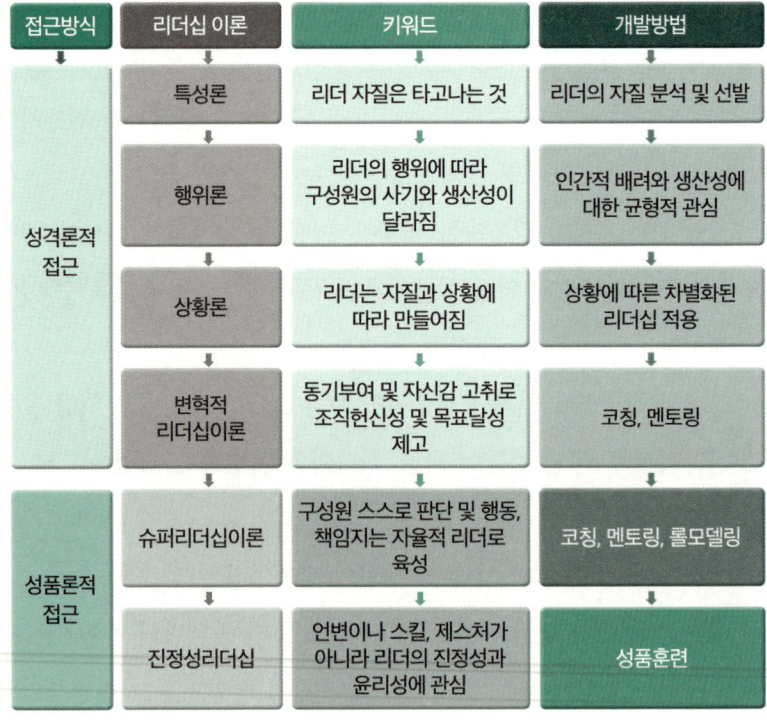

lower)나 동료, 고객의 성격 유형이나 특성에 따라 적절한 리더십 스킬을 발휘하는 데 초점을 두는 반면에, '성품 중심 리더십 접근'은 상대방과는 무관하게 리더(또는 자기 자신) 내면의 창의성과 잠재능력, 내적 동기를 일깨우는 데에 초점을 둔다.

신입사원 때부터 경영자가 되기까지 체계적으로 육성된 리더들이 존경받지 못하는 이유는 기존의 역량 기반 리더십교육에서는 사람이나 조직에 대한 영향력을 효과적으로 발휘하는 데 필요한 지식과 스킬, 태도에 초점을 맞춘 '성격 중심 리더십'을 강조함으로써 겉으로 보이는 리더십역량은 뛰어난 반면에 진정한 내면의 성품이 균형 있게 개발되지 못했기 때문이다. (S. Covey '성공하는 사람들의 7가지 습관'에서 발췌함)

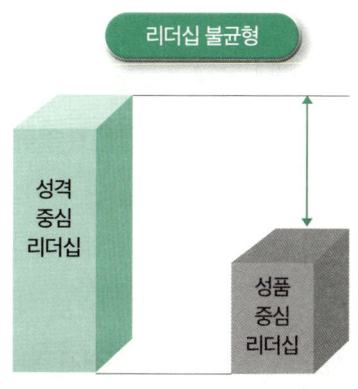

이러한 불균형을 해결하기 위해서는 기업교육 분야에서 획기적인 패러다임의 변화가 필요하다. 기존의 역량 중심의 HRD(Human Resources Development)를 뛰어넘어 '역량과 성품이 통합된 HRD'로 나아가야 한다는 것이다. 역량이 뛰어난 직원이 반드시 높은 성과를 낼 것이라는 명제는 최근 그 실효성에 의구심이 생기고 있다. 왜냐하면 역량은 뛰어난데 성과를 못 내는 이유를 살펴보니 '몰입'이라는 이슈가 대두되기 시작했기 때문이다. 객관적인 역량은 탁월함에도 불구하고 그 성과를 못 내는 경우는 내적 동기의 결핍에 상당한 원인이 있다는 것이다.

따라서, 기업이 요구하는 고성과를 창출하기 위해서는 역량의 강화와 더불어 직원들의 내적 동기를 변화시키는 것이 기업교육의 진정한 목표가 되어야 한다. 여기서 말하는 내적 동기가 바로 '어떠한 대가를 치르더라도 옳은 것을 선택하려고 하는 내적 동기' 즉 성품(Character)'을 말한다.

따라서, 성품 기반 교육은 기존 역량 기반의 기업교육(HRD)이 갖고 있는 맹점을 보완하여 기업교육이 추구하는 '바람직한 상태로의 계획적 변화'를 완성하게 될 것이다.

"리더가 된 당신은 리더십 강의를 듣고 언론을 대하는 훈련을 받고 법무팀장에게 준법에 대해 배우고 직위에 걸맞은 옷차림을 하고, 전문가에게 코치도 받는다. 이론적으로 당신은 뭐 하나 부족할 것이 없다. 그러나 이 모든 값진 훈련과 서비스로도 리더의 현실에 완벽히 대처할 수는 없다. 리더 자리에 올랐으니, 이제 당신은 자신의 성품을 기업 경쟁력의 핵심 요인으로 다루어야 한다. 리더의 성품은 개인적이고 사소한 부분이 아닌, 회사 전체의 기질을 결정하는 요소이기 때문이다. 당신이 어떤 사람인가가 곧 당신의 비즈니스 성과를 좌우할 테니까."(Robert R. Smith '현실을 상상하라' 중에서)

2) 신입사원교육의 맹점

신입사원교육은 어떨까?

요즈음 기업 조직은 'Z세대'와 '라떼(Latte)세대'의 화합과 조화를 위해 많은 노력을 기울이고 있다.

"90년대 생이 온다"로 대별되는 'Z세대' 직원들을 이해하지 못하면 "라떼는 말이야(Latte is Horse)"라고 '꼰대'로 취급받는 상황이 되었다. 왜 이렇게 되었을까? 기성세대는 잘 못 되었고 새로운 세대는 무조건 옳다는 말인가? 아니면 기성세대가 신세대를 이해해야 하고 신세대는 기성세대를 이해하지 않아도 된다는 것인가? 그렇게 되면 기성세대는 너무나 억울한 일이 아닐 수 없다. 4차산업혁명시대, 언택트(Untact) 시대 등 빠르게 변화하는 환경에 대응해 가야 하는 처지에 신세대를 이해하고 그들을 리드해야 하는 이중고에 시달리는 것이기 때문이다. 신세대는 자기 하고 싶은 대로 하면 되고 기성세대들이 신세대를 알려고 노력해야 한다면 기성세대에게는 그야말로 일방적(One Side)이게 불리한 조건이라고 할 수 있다. 지금은 기성세대는 선배 세대들에게 맞추기 위해 두통약을 먹어가면서 무던히도 애쓰고 힘써서 이 자리까지 왔는데 선배들이 누려왔던 권위도 제대로 누려볼 겨를도 없이 신세대 부하들에게 맞추기 위해 각고의 노력을 해야 하는 비극적인 상황에 맞닥뜨리는 것이다. 기성세대에게는 그야말로 끝없는 스트레스의 연속이 될 수밖에 없는 것이다.

이 끝없는 악순환의 고리를 끊을 수 있는 방법은 없는 것인가?

성품(Character)이 그 해답이다.

신입사원 대상 직장예절 교육은 동기보다는 당위성과 외면적 변화에 집중하고 있다.

즉, 직장예절교육이 주로 언어와 행동, 태도와 같은 외면적인 변화에 초점을 두고 있어서 주로 겉으로 드러나는 예절과 매너를 강조하기 때문에 내면의 마음가짐이나 내적 동기를 훈련하는 데는 한계가 있다.

예를 들어, 많은 직장예절 교육 프로그램은 인사 예절, 전화 예절, 이메일 작성법, 복장 규정, SNS에티켓 등 외적인 요소에 집중하고 있다. 이러한 교육은 신입사원들이 기본적인 직장 매너를 익히고, 조직 내에서 원활하게 소통할 수 있도록 돕는 데 중점을 둔다. 그러나 이러한 접근 방식은 신입사원들이 내면의 동기나 마음가짐을 개발하는 데는 충분하지 않을 수 있다.

또한, 일부 연구에 따르면, 신입사원 교육이 외적인 예절에만 집중할 경우 신입사원들이 자신의 역할에 대한 내적 동기나 책임감을 느끼기 어려울 수 있다. 이는 장기적으로 조직의 성과와 직결될 수 있으며, 신입사원들이 조직에 대한 애사심(Loyalty)이나 열정을 가지는 데 방해가 될 수도 있다는 점에서 좀 더 근본적인 차원의 접근이 필요하다고 하겠다.

커뮤니케이션교육도 성격과 스킬에 집중하는 경우가 많다.

즉, 커뮤니케이션 교육이 주로 인간의 성격유형을 분류하고 각 성격유형에 따라 적절한 소통 스킬을 습득하는 데 초점을 두고 있다는 점은 여러 사례와 연구를 통해 확인할 수 있다. 이러한 교육은 주로 겉으로 드러나는 소통 방식에 집중하며, 성격 유형이 서로 달라서 발생할 수 있는 충돌과 갈등 상황을 근본적으로 해결하는 방법을 제시하지 못하는 경우가 많다.

예를 들어, 많은 커뮤니케이션 교육 프로그램은 MBTI와 같은 성격유형 검사를 통해 개인의 성격유형을 분류하고, 각 유형에 맞는 소통 스킬을 가르친다. 이러한 접근 방식은 각 성격유형의 특성을 이해하고, 그에 맞는 소통 방법을 익히는 데 도움을 줄 수 있다. 그러나 이러한 교육은 성격 유형이 서로 다른 사람들 간의 근본적인 갈등을 해결하는 데는 한계가 있다.

성격 유형이 다른 사람들 간의 갈등은 단순히 소통 방식의 차이에서 비롯되는 것이 아니라, 서로 다른 가치관, 신념, 그리고 심리적 선호 경향과 성품에서 기인할 수 있다. 예를 들어, ENFP 유형의 사람은 비전과 가능성을 중시하며 열정적으로 표현하는 반면, 감각형(S) 유형의 사람은 구체적이고 현실적인 정보를 중시한다. 이러한 차이는 소통 과정에서 오해와 갈등을 초래할 수 있다.

따라서, 커뮤니케이션 교육은 단순히 성격유형에 따른 소통 스킬을 가르치는 것에 그치지 않고, 성격 유형이 다른 사람들 간의 갈등을 근본적으로 해결할 수 있는 방법을 제시해야 한다. 예를 들어, 서로 다른 성격유형 간의 이해와 존중을 바탕으로 한 협력적 소통 방법을 가르치거나, 갈등 상황에서 효과적으로 대처할 수 있는 전략을 제시하는 것이 필요하다.

이러한 접근 방식은 성격 유형이 다른 사람들 간의 갈등을 줄이고, 더 나은 협력과 소통을 촉진할 수 있을 것이다.

'세대 간 소통 교육'도 직장예절 교육, 커뮤니케이션 교육과 크게 다를 것이 없다. 기업에서 실시하고 있는 세대 간 소통 교육의 문제점은 다음과 같다.

첫째, 리더들에게 일방적인 이해를 요구하는 것이다.

신입사원의 언어와 문화를 일방적으로 이해하라고 요구하는 것은 때로는 가혹할 수 있다. 이는 리더들이 자신의 경험과 지식을 무시하고 새로운 세대의 문화를 받아들여야 한다는 부담을 느끼게 하기 때문이다.

둘째, 세대 차이로 인한 갈등이다.

세대 차이로 인해 '라떼는 말이야'와 같은 신세 한탄이 나오게 된다. 이는 세대 간의 갈등을 심화 시키고, 소통의 단절을 초래할 수 있다.

셋째, 기술 격차이다.

신세대들에게 컴퓨터나 휴대폰 기능을 물어봐야 하는 상황에서, 리더들이 신세대의 언어와 문화를 이해하고 모르는 것을 물어보고 배워야 생존할 수 있는 시대가 되었다는 점에서 리더들에게는 또 다른 부담으로 다가오는 것이다.

이러한 문제점들을 해결하기 위해서는 세대 간 소통교육이 상호 이해와 존중에 바탕을 두고 성품 중심의 교육으로 운영될 필요가 있다. 일방적인 이해가 리더와 신입사원이 서로의 문화를 이해하고 존중하는 태도를 가질 수 있도록 교육 프로그램을 설계해야 한다. 성품은 인종과 이념, 문화, 세대를 초월하는 보편적으로 적용할 수 있는 개념이기 때문에 '세대 간 소통교육'을 '성품 기반 소통교육'으로 대체할 필요가 있다.

3) 직무교육의 맹점

첫째, 직무교육의 경우도 유사한 상황이다.

CS(customer service)교육의 경우 서비스 마인드 교육을 하기는 하지만 그건 어디까지나 고객에 초점을 맞추고 있고 고객의 유형에 따라 적합한 응대 스킬을 훈련하는 데에 중점을 두는 '성격과 스킬 중심의 교육'인 경우가 많다. 그러다 보니 극도의 스트레스가 동반되는 중압감의 상황에 대한 성품 훈련이 제대로 되어 있지 않은 고객 컴플레인 처리 담당 서비스 직원들은 고객으로부터 마음의 상처를 받는 '감정노동자'가 되고 마는 것이다.

이럴 땐 이렇게, 이런 유형에게는 이렇게, 그 이유는 상대방 입장이나 성격 유형에 근거를 둔다. 나는 그렇게 하고 싶지 않아도 상대방이 선호하는 거니까 맞추라는 것이다

성과를 내기 위해서, 문제를 일으키지 않기 위해서, 조직을 위해서…

하지만 나는 어떤가?

리더인 나는?, 고객서비스담당자인 나의 감정이나 성격은 억지로 접어두어야 하는가?

도저히 소화가 안 된다.

억울하다, 죽고 싶다.

나는 없고 상대방이나 조직만 있다.

안전교육의 경우도 마찬가지이다. 안전수칙, 사고 사례, 처벌 규정 등에 대한 교육도 하고 안전한 근무환경 개선을 위해 많은 시간과 비용을 들이고 있지만, 노력에 비해 실제로 발생하는 안전사고는 그다지 줄어들지 않는 것이 현실이다. 안전사고 사례를 살펴 보면 아이러니 하게도 새로 입사한 신입직원이 사고를 내는 경우도 있지만 대부분 해당 업무현장에 익숙하고 안전교육을 오랫동안 받아온 기존 직원들도 안전사고를 당하는 일이 많다는 것이다. 그건 왜 일까? 익숙한 환경에서 일하면 안전사고를 당하지 않는 것이 이치인데 그 이유는 무엇일까를 생각해 보면 바로 '경각심' 성품의 부족에 기인한 것이라는 것을 알 수 있다. 즉, 위험성이나 안전수칙을 몰라서 사고가 나는 것이라기 보다는 '바르게 대처할 수 있도록 주변 상황을 의식하는' 경각심이 약해졌기 때문인 것이다.

둘째, 영업교육도 성격과 스킬 중심의 교육을 한다

영업교육은 주로 성격과 스킬 중심으로 이루어진다. 예를 들어, 영업사원은 고객과의 관계를 형성하고 유지하기 위해 고객의 유형을 이해하고 다양한 스킬을 익히고, 고객의 요구를 파악하고 해결책을 제시하는 능력을 기른다. 그러나 이러한 교육은 종종 내면의 동기나 성품을 훈련하는 데는 한계가 있다. 또한, 고객의 성격유형을 이해하고 맞춰주다 보면 정작 영업사원 본인의 성격 유형은 존중받지 못하는 경우가 많다.

영업사원은 종종 "간과 쓸개를 빼놓고 출근한다"는 말이 있을 정도로, 고객의 요구를 우선시하고 조직의 성과를 위해 존재한다. 이는 영업사원이 고객의 요구에 맞추기 위해 자신의 감정과 욕구를 억제해야 하는 상황을 의미한다. 그러나 상대방의 성격을 이해하고 스킬을 익혔다고 해서 내면의 동기가 바뀌지는 않는다. 따라서 내면의 동기인 성품을 훈련하지 않고는 이러한 상황을 근본적으로 해결할 수 없는 것이다.

내면의 동기의 변화가 수반되어야만 영업사원은 중압감 상황에서도 평안과 기쁨을 누리고, 사랑과 긍휼, 열성, 용서와 포용을 할 수 있다. 성격과 성격, 입장과 입장, 논리와 논리가 맞닥뜨릴 때 우리는 감정의 홍수 상태가 되어 평정심을 잃고 분노와 자기연민에 휩싸이기 쉽다. 그러나 내면의 동기인 성품을 훈련받고 깊이 뿌리내린 사람만이 이러한 중압감의 상황을 평정심을 갖고 해결할 수 있다.

따라서 영업인력에 대한 교육은 단순히 역량이나 스킬 만을 강조하는 것이 아니라, 내면의 동기와 성품을 함께 훈련하는 방향으로 나아가야 한다. 이를 통해 영업사원들은 더 나은 성과를 내고, 조직의 경쟁력을 높이는 데 기여할 수 있을 것이다.

4 기업 조직에서 성품이 필요한 이유(3) : 조직문화 이슈

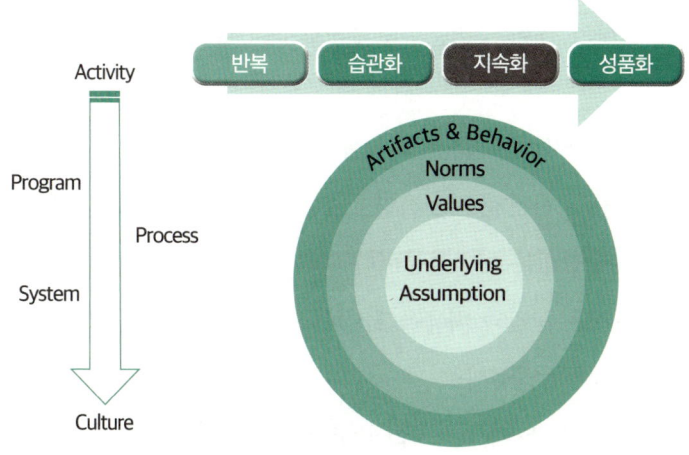

행동의 의식적 반복을 통해 습관이 되고, 이 습관이 상황과 여건에 관계 없이 일관성 있게 지속되면 무의식 수준의 성품으로 내재화되는 것인데 많은 조직들이 핵심가치를 업무 현장에 적용할 수 있도록 행동 규범화 한 후에는 단속적인 강조와 실행에 머무름으로써 진정한 조직 변화와 혁신에 도달하지 못하고 있다.

기업 조직들은 조직문화를 정착시키기 위해서 수많은 운동을 하고 있다.

조직문화 구축 작업은 처음에는 그냥 간단한 액티비티를 하다가 조금 있으면 어떤 프로그램을 만들어서 외부에 나가서 교육을 하고 또 조금 있으면 그게 이 프로세스로 정립이 된다. 베스트 프랙티스를 내라, 발표회를 갖자, 올림픽을 하자 이런 식으로 회사 안에서 많은 행사가 진행된다.

이벤트로 진행되던 것이 조금 있으면 조직의 프로세스로 들어가고 그 프로세스가 나중에는 정착이 돼서 평가시스템이 되는 것이다. 그리고 나중에 그것이 조직문화(organization culture)가 되기를 기대하는 것이다.

그런데, 이러한 기대와는 다르게 그렇지 못한 경우가 많다. 프로세스로 끝나거나 시스템으로 끝나고 또 몇 년이 흐른 뒤에는 깡그리 잊어버리고 그게 대부분의 현상이다.

그렇게 많은 시간과 비용을 들여서 추진했음에도 불구하고 왜 조직문화로 정착되지 않을까?

그것은 결국 조직문화가 조직 구성원들의 개개인의 삶에 성품으로 체질화되지 않기 때문에 조직문화가 정착 내지는 지속되지 않는다는 것이다.

감사캠페인   칭찬캠페인   GWP운동

조직문화구축 활동 중의 대표적인 예가 '핵심가치내재화 프로그램'이다.

유수 기업들이 많은 시간과 비용을 투자하는 장기 프로젝트를 통하여 조직의 미션, 비전, 핵심가치, 행동규범을 도출하고 이를 직원의 의식과 업무 속에 내재화시키기 위해 노력하고 있다. 비전 가이드 책자를 만들고 비전 선포식을 하며 CI(Corporate Identity)를 변경하고 집체교육을 통해 새롭게 정립된 조직의 비전체계(vision system)을 인지시키고 베스트 프랙티스(best practice) 경진대회, 조직문화 인식도 조사를 통한 인사평가 반영 등을 통해 비전체계가 단위 조직과 구성원 개개인의 업무 현장에서 스며들 수 있도록 애쓴다. 어떤 유명 기업은 감사운동을 인사평가제도와 연계하여 해당 기간 동안 감사일기를 얼마나 썼는지를 가지고 인사고과에 반영하기도 한다.

오늘날 기업 조직에서 이루어지는 대표적인 조직개발활동인 감사캠페인, 칭찬캠페인, GWP운동(Great Work Place: 일하기 좋은 직장)이 지속되지 못하거나 실패하는 이유는 무엇인가? 그것은 직원의 자발적 동기와 유익이 없기 때문이다.

대부분의 조직문화구축 운동이 회사의 필요에 의해 시작되고 회사의 주도에 의해 추진되기 때문에 조직 구성원들은 그 취지를 개인적인 필요나 동기가 아닌 조직 차원의 필요라고 인식하고 비자발적이고 피동적으로 참여하게 된다. 조직문화 운동이 추진되는 동안은 어쩔 수 없이 동참은 하지만, 회사 주도의 운동이 시들해지게 되면 그 활동이 둔해지거나 중단되고 만다.

일하기 좋은 회사로 정평이 나 있는 몇몇 기업들을 방문할 기회가 있었다.

회사 이름을 말하면 아 그 회사라고 할만한 E사, K사, M사, N사의 기업문화담당자 또는 교육담당자들과 면담을 하면서 놀라운 사실을 발견하게 되었다.

각종 경영자조찬회에서 베스트 사례로 여러 차례 소개된 바 있는 감사운동, 행복운동, 칭찬운동 성과가 해당 기업의 직원들이 실제로 체감하는 것과는 다르다는 사실을 알게 되었다.

감사운동을 하는 모 회사는 감사일기 공유방이 있어서 사장님을 비롯한 모든 직원들이 볼 수 있도록 되어 있고 반기마다 감사일기를 얼마나 썼는지를 가지고 직원을 평가하는 인사고과 시스템을 갖추고 있다. 감사운동 초창기에는 직원들도 재미있어하고 적극적이고 능동적인 참여가 이루어졌지만, 한 해 두 해 계속되면서 많은 직원들이 감사일기를 써야 하는 데 대한 스트레스를 받기 시작했고 5년이 지난 시점에 종업원 만족도를 조사해 본 결과 의미 있는 만족도 향상이 나타나지 않았다고 한다.

감사운동을 하는 모 기업은 회장님이 감사운동으로 인해 많은 감동을 느끼고 직원들에게 감사운동을 하자고 제안하여 수년 동안 시행했는데 결국 실패했다고 한다. 그 이유는 감사운동을 자신의 삶이나 가정에 적용하기보다는 고객을 움직이기 위한 감사편지 기술로만 활용을 했기 때문이다.

행복경영을 하고 있는 몇몇 기업들의 담당자들과의 만남을 통해서도 유사한 경우를 발견할 수 있었다. 행복경영을 하기 위해 직원들의 인생 설계(life plan)를 도와주는 프로그램을 정례적으로 운영하고 최상의 복지를 위해 많은 노력을 하고 있는데도 직원의 이직률이 매우 높다고 한다. 심지어는 행복경영을 주관하는 직원이 행복하지 않다고 말하는 것이었다.

기업들이 조직문화 구축의 목적을 직원 행복이라고 주장하지만, 실제로는 조직성과 창출에 목적을 두고 있다는 점을 직원들이 이미 알고 있다. 이러한 상황에서 새로운 조직문화 구축 작업이 진행될 때, 직원들은 "이 또한 지나가리라"라고 생각하며 형식적으로 참여하는 경우가 많다. 이는 조직문화가 진정으로 정착되고 지속되기 위해서는 직원들의 마음을 움직이는 것이 중요하다는 점을 시사한다.

조직문화는 조직구성원 개개인의 성품이 모여서 이루어지는 것이다. 따라서 조직문화의 정착과 지속을 위해서는 구성원들의 성품을 중시하는 접근이 필요하다. 성품 조직문화는 단순히 외적인 성과나 규범을 강조하는 것이 아니라, 구성원들의 내면적인 가치와 동기를 중요시한다. 이는 구성원들이 자발적으로 조직의 목표와 가치를 공유하고, 진정으로 조직에 헌신할 수 있도록 돕는다.

예를 들어, 성품 조직문화는 구성원들이 서로를 존중하고 배려하며, 협력과 신뢰를 바탕으로 한 관계를 형성하는 데 중점을 둔다. 이는 구성원들이 자신의 역할에 자부심을 느끼고, 조직의 성공을 위해 자발적으로 기여할 수 있도록 한다. 또한, 성품 조직문화는 구성원들이 자신의 내면적인 동기를 발견하고, 이를 바탕으로 업무에 몰입할 수 있도록 돕는다.

따라서 조직문화 구축 작업이 진정으로 성공하기 위해서는 구성원들의 성품을 중시하는 접근이 필요하다. 이는 구성원들이 조직의 목표와 가치를 진정으로 공유하고, 자발적으로 헌신할 수 있도록 돕는 데 중요한 역할을 한다. 조직문화의 정착과 지속을 위해서는 구성원들의 마음을 움직이는 것이 무엇보다 중요하다. 이러한 접근 방식을 통해 조직문화가 진정으로 정착되고, 구성원들이 자발적으로 조직의 목표와 가치를 공유하며 헌신할 수 있을 것이다.

조직문화 구축 작업의 일환으로 이루어지는 대표적인 교육이 '핵심가치 내재화 교육'이다.

이 교육의 맹점은 주로 회사의 목적 달성에만 초점을 맞추고, 직원 개인의 경험이나 내적 동기와는 무관한 주입식 교육 방식에 있다. 이러한 접근 방식은 직원들이 회사의 핵심가치를 진정으로 내재화 하지 못하게 하며, 이는 장기적으로 조직의 성과와 직원의 만족도에 부정적인 영향을 미칠 수 있다.

신입사원 교육은 주로 회사의 핵심가치를 일방적으로 주입하는 방식으로 진행된다. 이는 신입사원의 경험이나 내적 동기를 고려하지 않기 때문에, 신입사원들이 회사의 가치를 진정으로 이해하고 받아들이기 어렵다. 기존 사원 교육도 마찬가지로 주입식 강의, 사례 연구, 베스트 프랙티스 발표, 연극, 액티비티 등 다양한 방식으로 진행되지만, 이러한 교육 방식은 직원들의 삶과 연계된 동기부여와 지속 가능성을 제공하지 못한다.

이러한 문제를 해결하기 위해서는 회사의 목적뿐만 아니라 직원 개인의 경험과 삶, 내적 동기와 연계된 교육이 필요하다. 예를 들어, 직원들이 자신의 경험과 내적 동기를 바탕으로 회사의 핵심가치를 이해하고 적용할 수 있도록 돕는 프로그램을 도입할 수 있다. 이는 직원들이 회사의 가치를 진정으로 내재화하고, 이를 바탕으로 자신의 업무에 열정을 가지고 임할 수 있도록 도와줄 것이다.

또한, 직원들의 내적 동기를 강화할 수 있는 성품 기반 핵심가치 내재화 프로그램이나, 직원들이 자신의 역할에 대한 자부심과 책임감을 느낄 수 있도록 돕는 프로그램을 도입하는 것도 좋은 방법이다. 이러한 접근 방식은 직원들이 회사의 가치를 진정으로 이해하고 받아들이게 하며, 이는 장기적으로 조직에 대한 로열티와 직원의 만족도를 높이는 데 기여할 것이다.

2장

성품의 개념과
성품교육의 위상

1 성품의 개념

성품이란 옳은 일을 선택하려는 내적 동기이다. 여기서 옳은 일이란 옳은 말, 옳은 행동, 옳은 태도를 말한다.

성품은 양심, 옳은 일을 하는 것, 좋은 습관을 키워가는 것 그리고 개인과 팀의 도덕적 고결함을 가꾸어 가는 일에 관한 것이다. 성품 개발은 개개인의 마음과 곧바로 연결되어 있다. 그것은 우리의 태도를 바꾸고 의지를 바꾸며 우리의 행동과 습관을 바꾸는 일이며 도덕적 탁월함으로 동료와 고객, 공급업체 그리고 모든 사업과 관련된 이들과 언제나 전인적인 관계를 형성해 가는 것이다.

성품은 '옳은 일을 하기로 결심하고 그 일을 올바르게 하기로 결단하는 자유'이며 평생의 여정이다. 성품은 모든 직원을 동일한 가치관과 행동, 열망으로 하나가 되게 하며, 이로써 강한 인간관계를 형성한다. 그리하여 모든 사람이 탁월함, 헌신 그리고 열정을 갖고 나아가게 하는 강력한 문화를 만들어낸다. 그것이 옳기 때문에, 그 옳은 일을 하는 데 초점을 맞출 때, 우리는 그날 그날 일어날 일의 결과를 절대 걱정할 필요가 없다. 왜냐하면, 올바른 가치관은 올바른 반응을 결정하고, 올바른 반응은 올바른 과정을 이끌어내며, 올바른 과정은 올바른 결과를 낳게 되는데, 이렇게 되면 올바른 결과는 전반적으로 꾸준히 평균 이상의 수익성을 보장해 줄 것이기 때문이다. ('위기극복의 힘, 성품 DNA' 중에서)

 좋은 성품은 옳은 태도, 옳은 말 그리고 옳은 행동을 반드시 요구한다. 쉬운 상황에서 뿐만 아니라 어려운 상황에서도 그렇다. - Tomas Hill (Kimray 전 회장, 기업 내 성품훈련 프로그램 Character Fist 창시자)

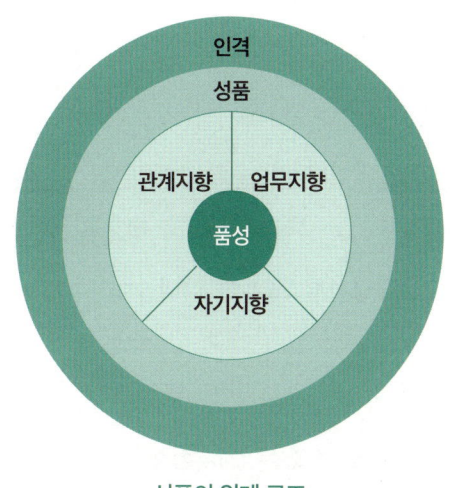

성품의 위계 구조

 성품은 자기지향품성, 관계지향품성, 업무지향품성으로 이루어져 있는데 이 세 가지 품성을 균형 있게 갖춘 사람을 일반적으로 '인격을 갖춘 사람'이라고 부른다.

 '성품에 대해서는 다양한 정의가 있지만, 이 책에서 정의하는 성품은 성격이나 평판이 아니라 덕성을 세워가는 것이다. 이는 사람의 태도와 언어, 행동을 이끌어내는 내적 동기를 말한다. 성품은 리더십의 핵심이며, 기업문화를 완전히 변화시킬 수 있는지의 성공 여부는 자신의 부족한 성품을 인식하고 고칠 수 있는지에 달려 있다. 성품은 위에서부터 시작되지만, 개인적인 성품 만이 문제가 아니다. 좋은 성품을 가르치고 성품의 본보기가 되는 일에도 신경 써야 한다.

예를 들어, 경영목표 달성을 위한 열정이 아니라 직원과 동료의 성공에 집중하다 보면, 창의성이 발현되고 책임감이 확고해지며, 신뢰는 일상 속에 단단하게 녹아든다. 토머스 페인은 "평판은 다른 사람들이 우리에 관해 어떻게 생각하느냐이지만, 성품은 하나님과 천사들이 우리에 관해 알고 있는 것이다."라는 말로 평판과 성품의 개념을 명확히 구분하고 있다. 평판은 그 사람의 말이나 행동을 보고 인식하는 것으로, 정치인, 연예인, 경영자를 포함한 리더들이 이 평판에 따라 인식되는 경우가 많다.

하루 8시간 이상 함께 일하는 직장 동료들, 자주 만나 이야기 나누는 친구들, 매일 함께 살고 있는 배우자와 자녀들, 어릴 적부터 나를 지켜보고 양육해 준 부모, 형제들에게 비춰지는 내 모습은 평판이기도 하지만 성품에 가깝다고 할 수 있다. 특히, 배우자의 경우는 수십 년간 함께 해왔기 때문에 상대방에 대한 평판이 바로 성품이라고 해도 과언이 아니다.

구체적인 사례로, 한 회사의 CEO가 직원들과의 신뢰를 쌓기 위해 노력하는 모습을 들 수 있다. 이 CEO는 직원들의 의견을 경청하고, 그들의 성장을 돕기 위해 멘토링 프로그램을 도입했다. 또한, 직원들이 어려움을 겪을 때마다 지원을 아끼지 않았다. 이러한 행동들은 단순히 외적인 평판을 쌓기 위한 것이 아니라, 진정으로 직원들의 성공을 바라는 내적 동기에서 비롯된 것이다. 결과적으로, 이 회사는 높은 직원 만족도와 함께 뛰어난 성과를 달성할 수 있었다.

또 다른 예로, 한 정치인이 자신의 평판을 관리하기 위해 매스컴에서 신중하게 말하고 행동하는 모습을 들 수 있다. 그러나 이 정치인의 진정한 성품은 그와 가까운 사람들, 즉 가족과 친구들 사이에서 드러난다. 이 정치인이 가족과 친구들에게 보여주는 진정한 모습이야말로 그의 성품을 나타내는 것이다.

이처럼 성품은 단순히 외적인 평판이 아니라, 내적 동기와 도덕성을 바탕으로 한 행동과 태도를 통해 형성된다. 성품을 개발하고 유지하는 것은 개인의 리더십과 조직의 성공에 중요한 요소이다.

2 성격과 성품의 차이

성격은 13세 이전에 형성되어 평생 가는 특성이 있으며 성품은 훈련을 통해 변화될 수 있다.

우리 속담에 '세 살 버릇 여든 간다'는 말이 있는데, 이는 성격 측면에서는 맞기도 하지만 성품 관점에서 보면 맞지 않다. 성품은 변화가 된다. 드물기는 하지만 주변 사람들 중에 성품이 변화된 증거들을 찾아볼 수 있고 내 삶에 나타난 증거들에서도 알 수가 있다.

성격 심리 검사도구는 MBTI, DiSC, Enneagram, Brain Color,

Birkman 등 다양한 도구들이 있다.

성격은 선천적인 행동상의 특성으로서 뇌의 성장이 끝나는 13세 이후에는 평생 동안 고정화되는 경향이 있으며 뇌를 다치거나 뇌 관련 질환을 앓아서 변화되는 경우 외에는 성격은 변화되지 않는다. 창의성 연구의 대가 Ned Herrmann의 뇌선호이론(brain dominance theory)에 따르면 어떤 사람의 성격은 그 사람의 뇌 선호도에 의해 결정된다고 한다.

뇌는 크게 좌,우와 상, 하 4가지로 구분되는데, 좌뇌는 3R(reading, writing, and arithmetic), 언어, 분석을 담당하고 우뇌는 공간지각, 지도 읽기, 통합, 예술 등을 관장한다. 상뇌는 대뇌피질로서 이성을 관장하고 하뇌는 변연계로 감성을 관장한다.

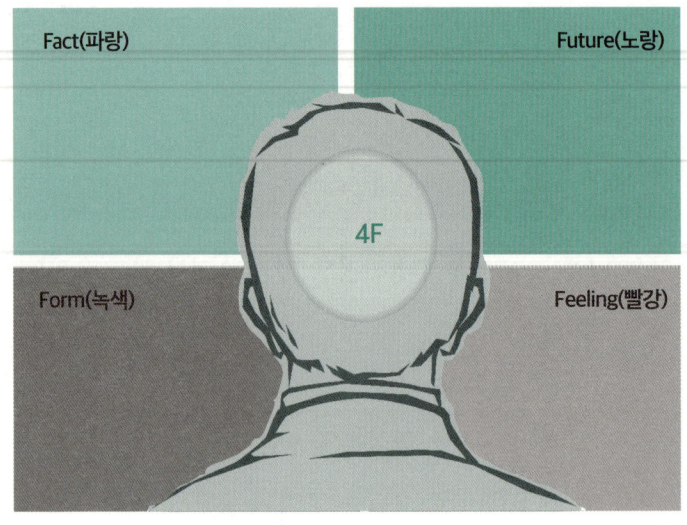

브레인컬러(Brain Color)

성격은 주로 타고난 기질이나 개인의 본성적인 특징을 의미한다. 예를 들어, 성격유형이 Fact형인 사람은 사실과 논리 중심의 사고를 하며, 주로 'What'에 집중한다. 이러한 사람들은 상대방의 감정이나 입장을 고려하지 않고 냉정하다는 평을 듣는 경우가 많다. 반면에, Feeling형인 사람은 느낌과 사람 중심의 사고를 하며, 주로 'Who'에 집중한다. 이들은 일보다는 사람을 중시하는 경향이 있다. 조직에서는 이러한 Fact형과 Feeling형이 서로 정반대의 성격유형을 가지고 있어서 갈등과 불화가 많이 발생할 수 있다.

성품은 성격과는 다르게, 사람의 태도와 언어, 행동을 이끌어내는 내적 동기를 의미한다. 성품이 훈련된 사람은 상대방을 이해하기 위해 경청하고, 다름을 존중하며, 오래 인내하고 포용하는 등 성품으로 대함으로써 원만한 관계를 유지하고 협력적 분위기를 주도할 수 있다. 예를 들어, 성격이 다른 두 사람이 갈등 상황에 처했을 때, 성품이 훈련된 사람은 상대방의 입장을 이해하고 존중하려는 노력을 기울인다. 이는 단순히 성격에 따른 반응이 아니라, 내면의 덕성과 인내심을 바탕으로 한 행동이다.

따라서, 성격은 주로 타고난 기질이나 본성적인 특징을 의미하며, 이는 쉽게 변하지 않는다. 반면에, 성품은 덕성을 세워가는 과정으로, 이는 시간과 경험을 통해 변화할 수 있다. 성품이 훈련된 사람은 성격의 차이로 인한 갈등 상황에서도 원만한 관계를 유지하고 협력할 수 있는 능력을 갖추게 되며, 결과적으로 조직 내에서의 협력과 소통을 촉진할 수 있게 된다.

성격 심리 검사 도구의 진단 문항에는 '옳고 그름', '다름'이 혼재되어 있다.

성품은 심리 유형별 사고와 행동 특성이 선한 방향 또는 악한 방향으로 나타나느냐를 결정하는 나침반 역할을 한다

마음의 중심이 어디에 있느냐에 따라 그 방향으로 향하는 것이다.

반응 속도와 방향 그리고 질을 결정한다.

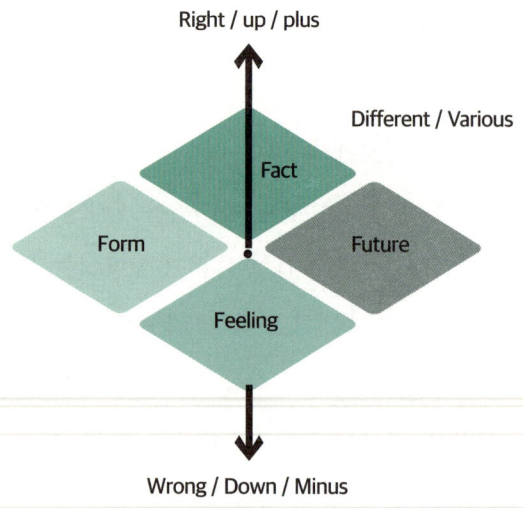

유사한 성격 유형이라도 내적 동기의 나침반인 성품이 어떤 방향으로 향해 있느냐에 따라 그 사람의 언어와 행동과 태도가 다르게 나타난다. 선한 동기를 갖고 있다면 선한 말과 행동, 태도를 취할 것이고, 악한 동기를 갖고 있다면 악한 말과 행동, 태도를 취할 것이다.

3 인성과 비즈니스 성품의 차이

'인성'은 주로 가정이나 학교에서 이루어지는 인성교육을 통해 형성되는 도덕적 가치와 행동을 의미한다. 예를 들어, 가정에서 부모님이 자녀에게 정직, 배려, 책임감을 가르치는 것이 인성교육의 한 예이다. 학교에서도 학생들이 친구들과의 관계에서 협력하고 존중하는 태도를 배우며 인성을 기른다. 이러한 인성은 개인의 일상생활에서 중요한 역할을 하며, 사회적 관계를 형성하는 데 기여한다.

반면에 '비즈니스 성품'은 기업이나 공공 조직에서 일하는 직장인들에게 해당되는 성품을 의미한다. 이는 직장 내에서 요구되는 가치, 관계와 업무와 관련된 품성(Character Quality)을 포함한다. 예를 들어, 직장에서의 비즈니스 성품은 신뢰, 인내, 유용성, 존중, 철저함, 책임감, 포용 등의 가치를 포함하며, 이는 조직의 성과와 직결된다. 비즈니스 성품은 단순히 개인의 도덕적 가치뿐만 아니라, 조직 내에서의 언어와 행동, 태도에도 큰 영향을 미친다. 예를 들어, 한 직원이 팀 프로젝트에서 자신의 역할을 충실히 수행하고, 동료들과 협력하며, 문제 해결에 적극적으로 나서는 것은 비즈니스 성품의 한 예이다.

따라서, 인성은 주로 개인의 일상생활과 사회적 관계에서 중요한 역할을 하는 반면, 비즈니스 성품은 직장 내에서의 행동과 태도에 중점을 둔다. 비즈니스 성품은 조직의 성과와 직결되기 때문에, 기업이나 공공 조직에서는 이를 강조하고 교육하는 것이 중요하다.

4 리더십과 성품의 관계

성품은 리더십에 강력한 영향을 미친다. 즉 성품은 권력과 지위만이 아니라 도덕적 권위로 리더십에 힘을 보탠다. 힘과 지위로는 겉으로 보이는 순응만 강요할 수 있지만, 일상에서 드러나는 성품에 기초한 리더십은 직원 내면으로부터 자발적인 헌신을 끌어낼 수 있고 회사와 개인 차원 모두에서 창의성과 혁신적인 사고를 발휘하게 하는 유일한 길이다.('위기극복의 힘 성품DNA' 중에서)

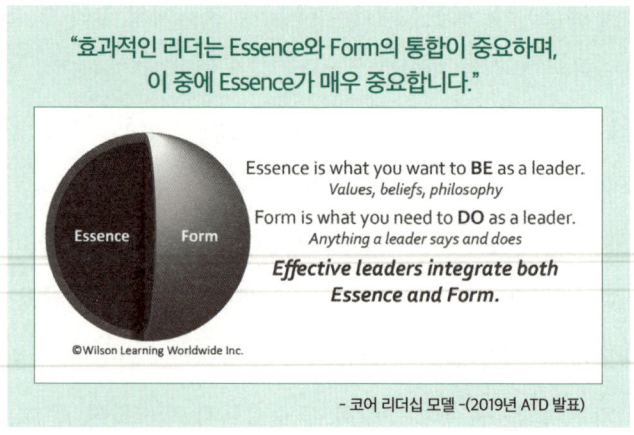

- 코어 리더십 모델 -(2019년 ATD 발표)

2019년 ATD에서 발표된 '코어리더십모델(Core Leadership Model)'에서는 리더십을 리더십 폼(Leadership Form: 리더로서 말하고 행동하는 것)과 리더십 에센스(Leadership Essence: 리더가 되고자 하는 것. 가치, 신념, 철학)으로 구분하고 있는데, 여기서 말하는 리더십 폼이 바로 기존의 리더십역량을 의미하고 리더십 에센스가 성품(Character)을 의미한다고 할 수 있다. 기존 리더십교육은 주로 리더십 폼(Leadership Form)

즉, 겉으로 보여지는 지식, 스킬, 태도를 길러주는 데 초점을 두고 있고 리더십 에센스는 성품, 가치관, 신념, 철학 등에 초점을 둔다.

5 성품의 3차원과 49성품

성품은 관계 속에서 드러난다. 3가지 관계, 즉 나 자신과의 관계, 타인과의 관계, 일(업무)과의 관계에서 성품이 구체적으로 표현된다.

첫째, 자기와의 관계 성품에는 감사, 겸손, 근면, 기쁨, 덕, 만족, 믿음, 신실, 안정, 열성, 절제 11가지가 있다. 예를 들어, 매일 아침 일찍 일어나 감사 일기를 쓰며 하루를 시작하는 사람은 자신과의 관계에 있어 감사와 근면을 실천하고 있는 것이다.

둘째, 타인과의 관계 성품에는 공경, 경청, 긍휼, 민감성, 분별, 사랑, 순종, 신뢰성, 신중, 용서, 온유, 온화함, 존중, 충성, 포용, 환대, 후함 등 17가지가 있다. 예를 들어, 친구가 어려운 상황에 처했을 때 따뜻하게 경청하고 위로 해주는 사람은 타인과의 관계에서 긍휼과 경청을 실천하고 있는 것이다.

셋째, 업무와의 관계 성품에는 검약, 경각심, 과단성, 끈기, 담대함, 설득, 솔선, 시간엄수, 유연성, 유용성, 의지력, 인내, 자원선용, 정돈, 정의, 조심성, 지혜, 진실성, 창의성, 책임감, 철저함 등 21가지가 있다. 예를 들어, 프로젝트 마감일을 지키기 위해 야근을 불사하며 일하는 사람은 업무와의 관계에서 열성과 책임감을 실천하고 있는 것이다.

이처럼 성품은 나 자신과의 관계, 타인과의 관계, 그리고 업무와의 관계에서 다양한 방식으로 드러나며, 이를 통해 성숙한 인간관계를 형성할 수 있다.

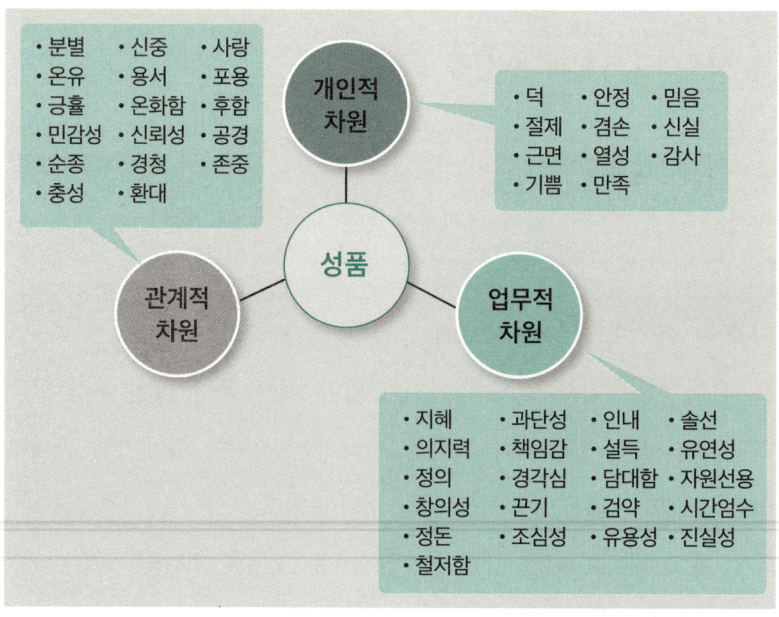

6 비즈니스 성품교육이란?

성품교육은 내적 동기를 훈련하는 과정이다.

성품은 중압감 상황에서 확인할 수 있다. 예를 들어, 운전을 하는 도중 새치기를 당했을 때, 거래처 직원이 뇌물을 주려고 하는 상황에서 받을까 말까 갈등할 때, 과중한 업무로 스트레스를 받을 때, 콜센터 직원이 악성 고객과 대화를 할 때 이러한 중압감을 느끼게 된다. 이

때 어떻게 반응을 보이느냐를 결정하는 것이 성품이다.

예를 들어, 운전을 하다가 새치기를 당했을 때, 화를 내고 상대방에게 욕설을 퍼붓는 대신, 침착하게 상황을 받아들이고 안전 운전에 집중하는 것이 성품교육을 통해 내적 동기를 훈련한 결과이다. 또 다른 예로, 거래처 직원이 뇌물을 주려고 할 때, 유혹에 넘어가지 않고 정직하게 거절하는 것도 성품교육의 결과이다. 이러한 상황에서 내적 동기를 통해 올바른 언어와 행동, 태도를 선택하는 것이 성품교육의 핵심이다.

이처럼 성품교육은 다양한 중압감 상황에서 내적 동기를 훈련하여 올바른 행동을 선택하도록 돕는 과정이다.

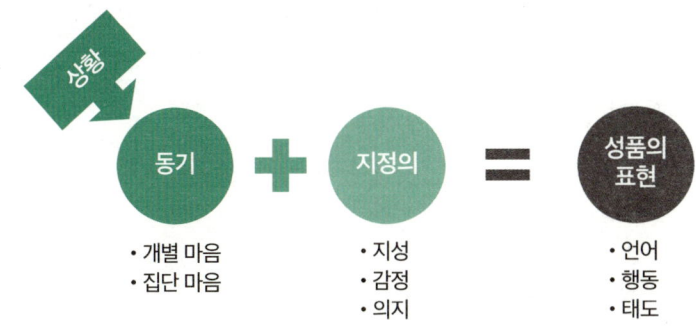

성품교육은 데이비드 호킨스가 말하는 '개별 마음'을 '집단 마음'으로 업그레이드하는 과정이다. 즉, 중압감의 상황에서 반응하고 선택하는 것을 반복 훈련하는 것이다.

성품은 세 번째와 네 번째 시도에서 당신이 하는 행동으로 이루어진다. - 제임스 A. 미체너 성품은 끊임없는 반복 훈련을 통해 평생 동안 개발되는 특성을 가지고 있다.

우리는 모두 끊임없이 자신의 성품을 계발해 간다. 유일한 문제는 "좋은 성품을 계발하고 있느냐, 아니면 나쁜 성품을 계발하고 있느냐?"이다.

'위기는 우리 속에 어떤 것도 넣을 수 없다. 위기는 항상 인성을 드러낸다.' - 오스월드 체임버스

그래서 우리는 힘든 위기가 닥치기 전에 옳은 일을 하면서 성품을 계발해 역경에 미리 대비할 필요가 있다. 그렇게 하면 어려운 결정을 내려야 할 때 옳은 결정을 하는 기회를 잡을 수 있을 것이다. 그렇게 하려고 생각할 필요조차 없이 자연스럽게 될 것이다.

이 이야기를 떠올리게 하는 멋진 단편 시가 있다.

'생각을 심으면 행동을 거두고,
행동을 심으면 습관을 거두고,
습관을 심으면 성품을 거두고,
성품을 심으면 운명을 거둔다.'
 - 사무엘 스마일즈 목사

나는 당신의 성품을 계발해 줄 수 없고, 당신은 나의 성품을 계발해 줄 수 없다. 당신을 격려할 수는 있지만 당신을 대신해서 결정을 해

주거나 내가 대신 변화될 수는 없다. 당신에게 좋은 성품을 계발하라고 강요할 수도 없다. 당신은 내가 뭐라고 하든지 간에 나쁜 선택들을 계속해 나갈 수도 있다.

성품교육의 목적은 유용한 인재를 육성하는 것이다. 일반적인 인성교육은 좋은 사람이 되는 것에 초점을 두고 있는데 비해 비즈니스 성품교육은 좋은 사람과 동시에 유용한 인재가 되게 하는 데에 그 목적을 두고 있다.

성품교육은 미국의 성품훈련 전문기관인 IBLP(Institute in Basic Life Principles)에서 1960년대 초에 처음 시작한 것으로, 인생의 진정한 성공은 능력이 아니라 '성품'에 달려 있다는 생각으로 주로 아동, 청소년, 일반인들을 대상으로 감사, 경청, 존중, 유용성 등 49가지 성품의 개발을 돕는 프로그램이다. 1989년에 석유 및 가스 기기와 제어장치 제조회사인 킴레이(Kimray)社가 IBLP의 성품교육을 기업 조직으로서는 최초로 도입하여 경청, 경각심, 신중 3가지 성품을 2년 동안 집중적으로 훈련한 결과, 산재보상비용 80% 절감, 고질적인 인사문제 해결, 매출 및 순이익의 급신장, 60년 이상 된 기업 최초로 일하기 좋은 직장 베스트 5에 선정되는 등 놀라운 성장을 이루게 되었고 이를 계기로 성품교육이 미 대륙, 호주, 대만, 중국, 싱가폴, 홍콩 등 전 세계 30 여 개 국가로 전파되게 되었다

7 기업교육에서 성품교육의 위상

기업교육은 크게 개인개발, 조직개발, 경력개발 3가지 영역이 있으며 2000년대 이후에는 수해관리 영역이 추가되어 4개 영역으로 구분된다. 성품교육은 개인개발, 조직개발 영역에 해당된다고 할 수 있는데, 작게는 직원 개개인의 대인, 대업무 관계를 향상시키는 활동이기도 하며 크게는 단위 내지는 조직 전체를 성품조직으로 만들어가는 체계적인 조직문화 구축과정이기도 하다.

교육의 내용으로 보면 성품교육은 리더십교육, 직무교육, 조직활성화교육에 해당된다고 할 수 있다. 하지만, 그 세부 내용을 보면 기존 교육과는 미묘한 차이가 있다. 아래 표를 보면…

기존 교육과의 차이점

구분	리더십	코칭	핵심가치 내재화	힐링	7 Habits	성품교육
접근방식	처방	처방	처방	원인 치유	원인 치유	원인 치유
자발성	비자발적	비자발적	비자발적	비자발적	자발적	자발적
지향점	관계+성과	관계+성과	관계+성과	자기+관계	자기+관계+성과	자기+관계+성과
주체와 객체	리더→부하	코치→고객	회사→나	나→우리	나→우리	우리 (집단지성) →우리
지속성	단속적 (개인 의지)	비교적으로 지속적	단속적	단속적	지속적 (개인 의지)	지속적 (집단 협력)
솔루션	있음 (스킬 중심)	없음 (질문 중심)	있음 (행동규범)	있음 (감성 중심)	없음 (목적 중심)	있음 (성품 정의 및 결심)

1) 리더십교육과 성품교육의 차이점

① 접근 방식

리더십 교육은 특정 상황에 필요한 지식과 기술을 처방하는 방식으로 접근합니다. 리더가 팀의 성과를 높이거나 관계를 개선하기 위해 특정 기술, 예를 들어 소통이나 갈등 관리 기술을 습득하고 이를 실무에 적용하는 것을 목표로 한다. 이 교육은 문제에 대한 즉각적인 해결책을 제공하며, 실질적이고 직접적인 스킬 강화를 중시한다.

반면, 성품교육은 문제의 근본적인 원인을 치유하고 해결하는 데 중점을 둔다. 리더가 외적 기술에 의존하기보다, 내면의 성숙과 가치관에 따라 상황을 대처할 수 있도록 돕는다. 즉, 성품교육은 단기적 해결책이 아니라 리더의 장기적인 성품 성장을 통해 일관된 리더십을 발휘할 수 있도록 한다.

② 자발성

리더십 교육은 보통 외부의 지시에 따라 이루어지며, 주어진 과제나 목표를 달성하기 위한 비자발적 성격이 강하다. 리더는 필요에 의해 특정 스킬을 배우고 이를 팀에 적용하게 되지만, 자발적으로 깊은 내적 변화를 경험하기는 어려울 수 있다.

반면, 성품교육은 자발적 참여를 유도하여, 리더가 스스로 내면의 성숙을 추구하도록 한다. 이는 단순히 기술을 배우는 것이 아니라, 리더가 자발적으로 성품을 계발하고 성숙한 인격을 형성해 나가도록 장려한다. 이를 통해 리더는 자신의 동기와 가치관에 따라 행동하는 방식을 익히게 된다.

③ 지향점

리더십 교육은 주로 관계와 성과에 중점을 둔다. 팀의 성과를 높이거나 관계를 개선하기 위한 기술을 습득하여, 실무에서 성과를 강화하는 것을 목표로 한다. 리더는 이러한 교육을 통해 팀을 효과적으로 이끌고, 주어진 목표를 달성하는 데 필요한 역량을 갖추게 된다.

반면, 성품교육은 자기, 관계, 성과의 조화를 목표로 하여, 리더 개인의 내적 성장과 조직 내 협력, 그리고 장기적인 성과 창출을 모두 아우른다. 이로써 리더는 조직에서 존경과 신뢰를 받는 진정성 있는 리더십을 발휘할 수 있도록 한다.

④ 주체와 객체

리더십 교육에서는 리더가 리더십 스킬을 습득하여 부하에게 영향을 미치는 구조를 갖고 있다. 리더는 배운 기술과 지식을 바탕으로 팀에 긍정적인 영향을 미치며, 부하들은 이 리더의 리더십 아래에서 업무를 수행한다. 이러한 방식은 주로 리더의 스킬을 강화해 팀 내 상하관계에서의 효율성을 높이는 데 중점을 둔다.

반면, 성품교육은 집단지성을 바탕으로 리더와 구성원들이 서로 긍정적인 영향을 주고받는 협력적 학습을 중시한다. 구성원들은 상호 존중하며 함께 배우고 성장하는 환경을 조성하여, 조직 전체가 일관된 성품 문화를 만들어 나갈 수 있도록 돕는다.

⑤ 지속성

리더십 교육은 단속적 성격을 가지며, 교육이 끝난 후 실천 여부가 개인의 의지에 따라 달라질 수 있다. 이는 주어진 필요나 상황에 따라 특정한 스킬을 배우고 나면, 더 이상 지속적으로 교육이 이어지지 않는 일회성 학습이 되기 쉽다.

반면 성품교육은 지속적인 변화를 목표로 하여, 집단의 협력과 조직 문화 형성을 통해 일관된 실천을 장려한다. 성품교육은 장기적인 성품 성숙과 성장을 지향하여 조직 전체에 지속 가능한 긍정적인 영향을 미치도록 한다.

⑥ 솔루션

리더십 교육은 스킬 중심으로 구체적인 문제 해결 방법과 기술을 가르친다. 이는 리더가 즉각적으로 활용할 수 있는 도구와 기술을 제공하여, 실무에서 효율성을 높이기 위한 구체적인 방안을 제시한다.

반면, 성품교육은 성품 정의와 결심을 바탕으로 하여, 리더가 내면의 성숙을 통해 올바른 가치관과 태도를 형성할 수 있도록 돕는다. 성품교육은 리더가 다양한 상황에서 일관되게 행동하고, 도덕적 권위를 바탕으로 팀을 이끄는 리더십을 갖추도록 한다.

2) 코칭과 성품교육의 차이

① 접근 방식

코칭은 특정 성과나 목표를 달성하기 위해 질문과 피드백을 통해 개인의 문제를 해결하고 기술을 향상시키는 접근 방식을 취한다. 코치는 피코치가 스스로 답을 찾도록 유도하며, 개인이 필요로 하는 실질적이고 구체적인 기술 향상을 돕는다. 이는 성과 중심의 문제 해결 접근 방식으로, 개인이 외부 목표를 달성할 수 있도록 돕는 데 중점을 둔다.

반면, 성품교육은 개인의 내적 동기와 도덕적 성숙을 중심으로 근본적인 원인 치유와 해결을 목표로 한다. 성품교육은 개인이 스스로 성숙한 인격을 갖추고 바람직한 성품을 형성할 수 있도록 하여, 단순한 문제 해결을 넘어선 장기적 성장을 이끌어 낸다.

② 자발성

코칭은 보통 외부의 목표에 맞춰 진행되는 비교적 자발적인 학습 형태이다. 피코치는 자신의 성장을 위한 의지로 코칭을 받기도 하지만, 주로 특정 목표를 달성하기 위한 과정으로 이루어지기 때문에 진정한 자발성은 부족할 수 있다.

성품교육은 개인이 자발적으로 참여하여 자신의 성품을 내재화하고 내면의 성장을 추구할 수 있도록 유도한다. 이를 통해 개인은 외부 지시에 의한 학습이 아니라, 스스로 성숙해지고자 하는 자발적인 동기에서 출발하여 성품을 계발하게 된다.

③ 지향점

코칭은 주로 관계와 성과에 초점을 맞추며, 문제를 해결하고 관계를 개선하는 동시에 성과를 높이는 것을 목표로 한다. 이를 통해 피코치는 구체적인 성과를 달성할 수 있는 기술을 습득하고, 관계에서도 긍정적인 변화를 이루게 된다.

반면, 성품교육은 자기, 관계, 성과의 균형을 목표로 하여, 개인의 내적 성숙과 조직 내 협력, 그리고 성과 창출을 동시에 이룰 수 있도록 돕는다. 이는 조직과 구성원 모두에게 긍정적이고 일관된 성품을 통해 장기적 성과를 창출할 수 있는 기반을 마련한다.

④ 주체와 객체

코칭은 코치가 피코치를 지도하는 관계로, 주로 일대일 상호작용을 통해 피코치가 스스로 답을 찾도록 돕는다. 코치가 질문과 피드백을 통해 피코치의 잠재력을 끌어내며, 피코치는 이를 바탕으로 문제를 해결하게 된다.

성품교육은 집단지성을 바탕으로 리더와 구성원들이 서로 긍정적인 영향을 주고받는 협력적 학습을 지향한다. 구성원들은 서로 존중하고 협력하며 함께 배우고 성장하는 과정을 통해 조직 전체가 긍정적 변화를 이루어 갈 수 있다.

⑤ 지속성

코칭은 비교적 지속적일 수 있지만, 주로 특정 성과나 문제 해결을 위한 단기 목표를 달성하면 중단될 수 있다. 이는 성과 중심의 단기적 해결을 목표로 하기 때문에, 일회성 교육이 될 가능성도 있다.

반면, 성품교육은 지속적인 변화를 목표로 하여, 개인의 장기적인 성장과 성숙을 돕는다. 이를 통해 조직의 문화와 개인의 성품을 일관되게 형성하여, 구성원 모두가 지속적으로 성숙할 수 있는 환경을 제공한다.

⑥ 솔루션

코칭은 질문과 피드백을 중심으로, 코치가 피코치가 스스로 해결 방법을 찾도록 유도하는 방식으로 이루어진다. 코치는 구체적인 해법을 제시하기 보다는, 피코치가 스스로 답을 찾고 성과를 개선할 수 있도록 돕는다.

성품교육은 성품 정의와 결심을 통해 개인이 올바른 가치관과 태도를 형성하도록 돕는다. 이는 개인이 상황에 흔들리지 않고 도덕적 성장을 이루어 일관되게 행동할 수 있도록 하는 내적 힘을 기르는 것을 목표로 한다.

3) 핵심가치 내재화교육과 성품교육의 차이

① 접근 방식

핵심가치 내재화 교육은 조직의 미션과 핵심가치를 구성원들에게 전달하고 주입하여 구성원들이 조직의 목표와 방향성을 공유하도록 돕는 방식이다. 조직에서 설정한 구체적인 가치들을 구성원이 받아들이고, 그에 맞춰 행동할 수 있도록 가르친다.

성품교육은 구성원들이 내면적으로 성품을 형성하고 바람직한 행동을 선택할 수 있도록 돕는 방식이다. 이는 구성원이 조직의 가치 뿐만 아니라 자신의 내면적 동기와 일치하는 방식으로 행동할 수 있도록 하며, 가치의 단순 전달이 아닌 근본적 변화와 성숙을 지향한다.

② 자발성

핵심가치 내재화 교육은 비자발적 성격이 강하다. 주로 조직의 목표를 달성하기 위해 구성원들에게 특정 가치를 내재화 하도록 하는 교육이므로, 구성원들이 자발적으로 자신의 가치와 내면화하는 데는 한계가 있을 수 있다.

반면 성품교육은 자발적인 참여를 유도하며, 구성원들이 스스로 바람직한 성품을 계발하고 내면화 할 수 있도록 돕는다. 성품교육을 통해 구성원들은 자신의 가치관과 조직의 목표를 일치시키려는 내적 동기를 갖게 된다.

③ 지향점

핵심가치 내재화 교육은 조직의 목표와 일치하는 행동을 강조한다. 구성원이 조직의 가치와 행동 지침에 따라 일관된 방식으로 행동하는 것을 지향하여, 전체적으로 조직의 목표를 효과적으로 달성하도록 돕는다.

성품교육은 개인과 조직 내 성숙한 관계와 성과를 모두 지향한다. 구성원이 자신의 내면적 성장을 통해 조직 내에서 협력적이고 성숙한 관계를 형성하며, 성과도 자연스럽게 달성하도록 돕는다. 이는 구성원 개인과 조직 모두가 지속적으로 성장할 수 있는 환경을 조성한다.

④ 주체와 객체

핵심가치 내재화 교육은 조직이 설정한 가치를 구성원들에게 전달하고 구성원들이 이를 따르는 구조이다. 조직이 주체가 되어, 각 구성원은 주어진 가치를 습득하고 행동에 반영하도록 요구받는다.

반면, 성품교육은 구성원들 사이의 상호 존중과 협력을 기반으로 하며, 리더와 구성원들이 서로 긍정적인 영향을 주고받는 환경을 조성한다. 구성원들이 자율적으로 가치와 성품을 내면화하며, 집단적으로 성숙하고 성장할 수 있는 구조를 지향한다.

⑤ 지속성

핵심가치 내재화 교육은 일회적 또는 단기적 성격을 띠는 경우가 많다. 특정한 가치를 주입하거나 내재화 하도록 단기적으로 교육하여 조직의 방향성에 맞춰가는 방식이다.

성품교육은 지속적인 성장을 목표로 하며, 구성원들이 일관된 성품을 바탕으로 지속적으로 성장하고 성숙할 수 있는 환경을 제공한다. 성품교육은 단기적인 목표가 아닌, 장기적으로 조직 내에서 구성원이 성숙하고 자발적으로 행동할 수 있는 문화를 조성한다.

⑥ 솔루션

핵심가치 내재화 교육은 구체적인 행동 지침과 규범을 제공한다. 조직에서 중요시하는 가치와 행동 기준을 제시하여 구성원이 이를 따르게 함으로써, 조직 내에서 통일된 방식으로 행동하도록 한다.

성품교육은 성품 정의와 결심을 바탕으로 구성원이 내면의 가치관에 따라 올바르게 행동할 수 있도록 돕는다. 이는 구성원들이 조직의 가치와 자신의 성품이 일치하는 내적 동기를 갖고 일관되게 행동하도록 한다.

4) 힐링 프로그램과 성품교육의 차이

① 접근 방식

힐링 프로그램은 주로 정서적 안정과 스트레스 해소를 위한 접근 방식을 취한다. 이 프로그램은 구성원이 겪는 스트레스나 피로를 줄이고 심리적 회복을 돕기 위해 설계된 활동으로, 일상에서 쌓인 감정적 부담을 덜어주는 데 중점을 둔다. 예를 들어, 명상, 휴식, 심리 상담과 같은 활동을 통해 심리적 안정감을 제공한다.

반면, 성품교육은 내면적 성장과 성숙을 위한 접근 방식을 취한다. 단순히 스트레스 해소를 넘어서, 구성원이 일관된 성품과 가치관을 갖추어 상황에 흔들리지 않고 지속적으로 성숙할 수 있는 능력을 배양하는 데 중점을 둔다.

② 자발성

힐링 프로그램은 대개 비자발적 성격을 띠며, 주로 구성원들이 외부의 권유나 추천에 의해 참여하게 된다. 특히 힐링 프로그램은 구성원의 자발적 참여보다는 즉각적인 정서적 효과를 얻기 위해 제공되는 경우가 많다.

성품교육은 자발적인 참여를 유도하여, 구성원이 스스로 성품을 개발하고 내면의 변화를 통해 지속적인 성숙을 이루도록 한다. 성품교육을 통해 구성원들은 자발적으로 자신의 성품을 돌아보고, 내면적 성장에 대한 의지를 갖게 된다.

③ 지향점

힐링 프로그램은 주로 개인의 정서적 안정과 회복에 초점을 맞춘다. 구성원이 스트레스를 줄이고 심리적 안정을 찾을 수 있도록 돕기 때문에, 주로 단기적인 안정을 목표로 한다. 이는 일상에서 소진된 감정을 회복시켜 업무에 다시 몰입할 수 있도록 돕는 데 중점을 둔다.

성품교육은 개인과 조직 내 관계, 성과를 포괄하여, 개인의 내면적 성숙과 조직 내 협력, 그리고 성과 창출을 동시에 지향한다. 이는 단순한 정서 회복을 넘어서, 구성원이 장기적인 성품 성장을 통해 조직과 함께 지속적으로 발전할 수 있도록 하는 것을 목표로 한다.

④ 주체와 객체

힐링 프로그램은 주로 개인 중심의 회복을 지원하는 구조이다. 구성원이 자신의 정서적 안정과 회복을 통해 스트레스 해소와 같은 즉각적 효과를 얻는 데 중점을 두며, 일대일로 프로그램을 경험하는 경우가 많다.

성품교육은 집단지성을 바탕으로 리더와 구성원들이 서로 긍정적인 영향을 주고받는 협력적 학습을 지향한다. 구성원들이 상호 존중하며 서로의 성장을 돕는 방식으로, 조직 내에서 함께 배우고 성장할 수 있는 문화를 조성한다.

⑤ 지속성

힐링 프로그램은 일회성이나 단기적 성격이 강하다. 구성원들이 정서적 회복과 안정감을 얻을 수는 있지만, 주로 단기적인 효과를 목표로 하며 지속적인 성장에는 한계가 있다.

성품교육은 지속적인 성품 성숙과 변화를 지향하며, 구성원들이 내면의 성숙을 바탕으로 장기적으로 성장할 수 있는 환경을 제공한다. 성품교육은 구성원이 일관된 성품과 도덕성을 유지할 수 있도록 장기적 관점에서의 성장을 목표로 한다.

⑥ 솔루션

힐링 프로그램은 주로 정서적 문제 해결과 스트레스 완화에 중점을 둔다. 프로그램을 통해 구성원들이 심리적 부담을 덜고 정서적 균형을 회복하는 데 중점을 두어, 일시적인 스트레스 해소 효과를 얻도록 한다.

성품교육은 성품 정의와 결심을 바탕으로, 개인이 내면의 가치관을 일관되게 유지하며 성숙한 태도를 형성할 수 있도록 돕는다. 이는 구성원이 스트레스나 외부 환경에 좌우되지 않고, 내면의 힘을 바탕으로 안정된 성품을 유지할 수 있도록 돕는다.

5) 7 Habits과 성품훈련의 차이

① 접근 방식

7 Habits 교육은 특정한 습관을 형성하는 데 필요한 기술과 원칙을 가르치는 접근 방식이다. 이를 통해 구성원은 습관을 통해 효율적인 삶을 설계하고, 목표를 성취하기 위한 구체적인 지침을 습득하게 된다. 예를 들어, "주도적이 되라"와 같은 습관은 개인이 스스로 선택하고 행동을 주도할 수 있도록 돕는다.

반면 성품 훈련은 내면적 성숙과 도덕적 가치 형성을 위한 접근 방식을 취한다. 단순히 외적 성과를 위한 습관 형성을 넘어, 개인이 올바른 선택을 일관되게 할 수 있는 내면적 성품을 갖추도록 돕는다. 성품 훈련은 개인의 행동이 도덕적 기반 위에서 이루어질 수 있도록 내면적 동기와 성숙을 형성하는 데 중점을 둔다.

② 자발성

7 Habits 교육은 목표 설정과 달성에 필요한 습관을 자발적으로 학습하게 하는 과정을 포함한다. 개인이 성취와 자기계발을 위해 각 습관을 채택하고 실천하는 과정이지만, 구체적인 성과와 관련된 지침을 따르는 경향이 크다.

성품 훈련은 내면적 성장을 바탕으로 한 자발적 참여를 유도한다. 성품 훈련을 통해 구성원들은 자신의 성품을 스스로 돌아보고 내재화하여 성숙을 추구하며, 단기적인 목표보다는 내면적 동기에서 우러난 성장을 지향한다.

③ 지향점

7 Habits 교육은 주로 자기 관리와 성과 달성에 초점을 맞추어, 개인이 삶을 효율적으로 관리하고 성과를 달성할 수 있도록 돕는다. 이 교육은 구성원이 목표를 이루고 효율적인 삶을 설계하는 데 필요한 습관을 형성하게 하여, 개인적 성과와 관계 개선을 도모한다.

성품 훈련은 개인과 조직 내에서의 성숙한 관계와 도덕적 성장을 포괄하며, 내면적 성숙과 협력을 통해 장기적인 성품 변화를 지향한다. 구성원이 조직 내에서 올바른 성품을 갖추어, 공동체와 지속 가능한 관계를 형성하는 것을 목표로 한다.

④ 주체와 객체

7 Habits 교육은 주로 자기 관리와 개인 성과를 중심으로 이루어진다. 개인이 자신의 목표와 필요에 맞춰 습관을 개발하고, 자신을 관리해 나가는 구조로 이루어져 있다.

반면 성품 훈련은 집단지성을 기반으로 하여, 구성원들이 상호 존중하면서 서로에게 긍정적인 영향을 주고받을 수 있도록 돕는 환경을 조성한다. 성품 훈련은 개인의 성품 성숙 뿐만 아니라, 조직 내에서 구성원들이 협력적 관계를 통해 함께 성장할 수 있는 문화를 지향한다.

⑤ 지속성

7 Habits 교육은 개인의 의지와 필요에 따라 지속성이 결정된다. 습관이 형성되면 개인이 지속적으로 이를 활용할 수 있지만, 상황에 따라 필요성이 사라지면 그 적용이 줄어들 수 있다.

성품 훈련은 조직 문화와 협력을 통한 지속적인 성품 성숙을 지향한다. 구성원들은 성품 훈련을 통해 내면의 성숙을 유지하고, 조직 내에서 일관된 성품을 바탕으로 장기적으로 성장할 수 있도록 지속적 훈련이 이루어진다.

⑥ 솔루션

7 Habits 교육은 구체적인 습관과 행동 지침을 중심으로 진행되어, 개인이 효율적인 삶을 설계할 수 있도록 한다. 습관은 목표 달성을 위한 구체적인 행동 지침을 제공하며, 일상에서 실천 가능한 방안을 제시한다.

성품 훈련은 성품 정의와 도덕적 결심을 바탕으로 하여, 개인이 옳고 일관된 선택을 할 수 있도록 돕는다. 성품 훈련은 도덕적 성장과 내면의 힘을 기르는 것을 목표로 하여, 구성원이 외부 환경에 흔들리지 않고 성숙한 성품을 유지할 수 있도록 지원한다.

3장

성품교육의 유익과 성공사례

1 조직 내 성품교육의 기대효과

첫째, 소통 및 관계 증진이다.

성품교육은 기준과 원칙에 기반하여 효율적이고 원활한 소통이 이루어지도록 돕는다. 이를 통해 개인 및 부서 간의 친밀감이 높아지고 협력적인 분위기가 형성된다. 예를 들어, 성품 언어와 행동을 실천함으로써 팀원 간의 신뢰가 증대되고, 조직 내 의사소통이 원활해진다.

둘째, 직원 행복 증진이다.

성품교육은 직원들의 직장생활 만족감을 증대시키고 개인의 삶과 가정생활에 대한 행복감을 고조시킨다. 예를 들어, 성품교육을 받은 직원들이 스트레스 상황에서도 긍정적으로 대처하며, 동료 및 가족들과의 관계를 개선해 행복감을 느끼게 된다.

셋째, 조직 건강 증진이다.

성품에 기반한 리더십을 육성하고 조직문화를 정착시키며, 직원들의 자발적인 직무 몰입을 이끌어낸다. 또한, 도덕성을 강화하고 애사심과 주인의식을 고취함으로써 조직의 건강성을 높인다. 예를 들어, 성품 교육을 받은 리더들은 구성원들에게 롤모델이 되어, 도덕적이고 신뢰받는 조직 환경을 만들어간다.

넷째, 조직 성과 극대화이다.

성품 기반의 서비스는 고객 만족을 극대화하며, 생산성 향상과 수익성 증대를 가능하게 한다. 예를 들어, 고객과의 소통에서 공감과 존중을 실천함으로써 고객 충성도를 높이고, 업무 과정에서 협력을 통해 높은 생산성을 달성할 수 있다.

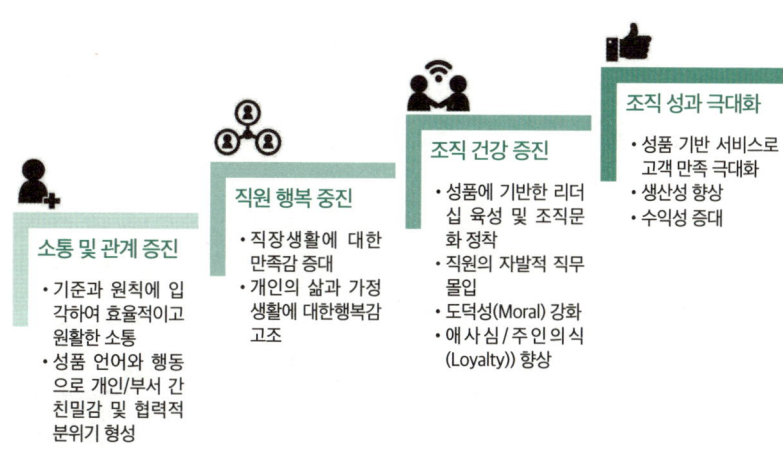

조직 내 성품훈련의 기대효과

킴레이(Kimray) 사의 토마스 힐 회장에 따르면, 성품훈련이 킴레이 발전의 유일한 이유는 아니지만, 직원들이 성장하고 그들이 회사와 가족 그리고 지역사회에 이바지하도록 돕는 성품 중심의 문화를 조성할 수 있게 해주었다고 한다. "이것은 우리 회사가 타의 추종을 불허할 정도로 빠르게 성장하도록 했다. 성품 중심의 문화가 정착된 이후 킴레이의 경영자들은 인사문제에 과도한 시간을 들이는 대신에 제조·납품 문제 해결에 시간을 투자할 수 있게 되었다. 그는 "성품훈련이 킴레이의 기업문화를 바로잡아 주었고, 킴레이가 다시 위대한 기업이 되게 해주었다."고 말했다.

2 성품훈련을 도입한 대표적인 조직들

첫째, 해외 기업 및 공공조직 사례이다.

해외의 경우 미국, 호주, 뉴질랜드, 러시아, 중국, 싱가폴, 홍콩, 대만 등 미주 및 아시아 국가들의 유수 기업들이 성품훈련을 실시하여 직원 만족도 제고 및 조직 성과 향상 효과를 경험하고 있으며, 특히 중

국의 경우 2002년에 도입하여 지금까지 500여 개 기업을 대상으로 꾸준히 실시되고 있는데 조직문화 및 체질 개선을 통한 직원 행복과 조직 생산성 제고에 크게 기여하고 있다.

성품교육을 도입한 국가별 사례를 살펴보면 다음과 같다.

먼저 미국 사례이다.

킴레이(Kimray)는 세계 최초로 성품교육을 기업 조직에 도입하여 조직문화에 혁신을 가져왔다. 이를 통해 산재보상금액이 80% 이상 절감되고, 인적 과오 사고가 90% 감소했다. 또한, 직원 사기와 생산성이 급증하여 매출이 4년 연속 25% 이상 상승하는 성과를 기록했다. Kimray는 '일하기 좋은 회사'로 4년 연속 수상했으며, 개인과 가정, 지역사회에도 긍정적인 영향을 미쳤다.

Ferreira Optical은 성품교육을 도입하여 18년간 지속된 노조와의 임금 및 복지 협상이 성품교육 도입 후 단 3개월 만에 합의되었다.

Hobby Lobby은 매월 성품훈련을 실시하여 "퇴근하기 싫은 회사, 월요일이 기다려지는 회사"로 자리 잡으며 조직 문화를 크게 개선했다.

LINC Systems는 성품을 채용 및 승진 기준으로 활용하여 직원들의 애사심과 주인의식을 높였다.

Hollytex Carpet Mill은 성품교육 도입 후 산재보험금이 연간 486,000달러에서 47,000달러로 대폭 감소했다.

McDonald는 성품교육을 통해 직원 만족도가 개선되며 식당 평점이 F등급에서 A등급으로 상승했다. 이로 인해 매출이 97% 증가하고, 이직률이 200% 감소했다.

C.P. Morgan은 성품교육을 통해 이익률이 10% 향상되는 결과를 얻었다.

선한 사마리아인 요양병원은 성품교육을 도입한 이후 직원 이직률이 100%에서 6%로 급감하여 안정적인 운영이 가능해졌다.

Hancock Memorial Hospital은 성품교육 도입 후 의사와 간호사의 이직률이 30% 감소했다.

에벤토 인테그랄은 성품교육이 가정생활뿐 아니라 직장에서의 관계를 향상시키는 데 기여했다. 예를 들어, 에벤토 인테그랄의 사장 부부는 결혼생활의 문제를 극복하고 성품교육을 계기로 14년 만에 재결합하는 성과를 얻었다.

코스타에서는 개인의 성품훈련을 통해 조직과 가정 모두에 긍정적인 파급효과를 만들어냈다. 성품교육을 받은 직원들은 가정과 직장에서의 관계를 개선하며 두 영역에서 모두 변화를 이끌었다.

토페카 공립학교에서는 성품교육을 통해 학교와 가정이 동시에 변화하는 효과를 보였다. 이는 학생뿐만 아니라 가정 환경에도 긍정적인 영향을 미치는 사례로 주목받았다.

오클라호마 가운디 교도소에서는 재소자들의 문제를 해결하기 위해 성품훈련을 도입했으며, 이를 통해 재소자들의 태도와 행동에 긍정적인 변화를 가져왔다.

마벨 바셋 교정시설에서는 성품교육을 통해 일반 범죄율을 60% 감소시키고, 심각한 범죄는 80% 감소시키는 놀라운 결과를 얻었다.

미국의 Police Dynamics Institute는 경찰들을 대상으로 성품훈련을 실시하여 경찰 조직 내 성과를 향상시켰다. 3년간 고객 불만

(complaint)이 32% 감소하며 시민과의 관계가 개선되고 조직의 신뢰도가 높아졌다.

다음은 우리나라와 가까운 대만의 사례이다.
대만 용광화학(Ever-light Chemical)은 성품교육을 도입하여 조직문화를 개선하고 직원들의 직무 만족도를 향상시켰다.

둘째, 국내 기업 사례이다.
H그룹은 성품교육을 조직문화 개선과 리더십 강화에 적극적으로 활용하며 지속적인 교육 프로그램을 운영하고 있다. 2016년에 조직 관리자(팀장, 생산현장 파트리더 및 반장 370명)를 대상으로 한 「성품 기반 동기부여 리더십교육」과 장항공장 전임직원 120명을 대상으로 한 「행복한 가정 창조 교육」을 실시했다. 또한, 보안팀 60명을 대상으로 한 「성품 기반 보안 리더십교육」을 통해 업무 효율성과 협력 문화를 강화했다.
2019년에는 팀장 및 반장급 관리자를 대상으로 「존중 리더십 교육」을 통해 존중 문화를 확립하고 조직 내 신뢰와 협력을 강화했다.
2020년부터 2024년까지 매년 「리스펙트 리더 육성과정」을 운영하여 지속 가능한 존중 문화를 확산하고 있다.
2024년에는 H테크닉스에서 해외법인을 대상으로 「존중받는 일터 만들기」 과정을 도입하여 글로벌 수준의 조직문화를 구축했다.
L음료는 성품교육을 통해 조직 활성화와 직원 존중 문화를 조성했다. 2018년에 생산부문을 대상으로 「성품 기반 조직 활성화 교육」과

「현장 성품훈련(경청)」을 진행했다. 2019년에는 「현장 성품훈련(존중, 유용성, 감사)」을 통해 직원 간 긍정적 상호작용을 강화했다.

2023년에는 주류부문에서 「존중의 일터 만들기 과정」을 도입하여 직원 만족도를 크게 향상시켰다.

H그룹은 2017년에 H사 팀장들을 대상으로 한 「성품 기반 딥 이노베이션(Deep Innovation) 리더십」 교육을 통해 성품 기반 리더십 개발에 기여했다.

H제약은 2019년에 OP직군 승격자를 대상으로 성품 기반 교육을 실시하여 승진 이후의 리더십 발휘를 지원했다.

J제약은 2019년에 신입사원을 대상으로 성품교육을 실시하여 직장 내 성품 기반의 직무 태도를 강조했다.

I제약은 2020년에 「성품 기반 Deep Innovation 과정」을 통해 직원들의 성품 언어화 행동의 변화 및 직원 만족도에 기여했다.

K공사의 경우 2020년에 「성품 기반 행복한 동행 과정」을 통해 직원들과의 협력과 조직 내 긍정적인 변화를 이끌었다.

K화학은 2023년에 임원, 팀장을 대상으로 한 「사원 존중 리더십 과정」을 실시하여 존중의 조직문화 조성에 기여했고, 2024년에는 임원 리더십 향상을 위한 「캐릭터 코칭 과정」을 진행했다.

N사는 2024년에 매니저급 직원을 대상으로 한 「캐릭터 코칭 과정」을 통해 관리자의 역할을 강화했다.

T사는 2017년에 전 임직원을 대상으로 「4가지 개별 성품 개발」 교육을 진행하여 개인의 성품을 함양하고 조직 내 긍정적인 변화를 이끌었다.

K은행은 2017년에 인재개발부 교육담당자를 대상으로 「성품개발과정」을 실시하여 교육 리더의 성품 기반 역량을 강화했다.

M금고는 2020년에 「리더의 품격」 및 「금고인의 품격」 교육을 통해 조직 내 리더십과 직원의 성품 기반 행동을 강화했다. 2022년에는 고위 간부를 대상으로 「품격 리더십 과정」을 진행하여 조직 전반의 리더십 수준을 향상시켰다. 2023년부터 2024년까지 고위 임원 및 간부를 대상으로 한 「품격 리더십 과정」을 운영하며 경영진의 리더십 역량 강화에 기여했다. 2024년에는 고위 임원 및 간부를 대상으로 「품격 리더십 과정」을 이어가며 지속적인 리더십 개발을 지원했다.

N사는 2022년에 간부를 대상으로 「품격 리더십 과정」을 통해 조직 내 리더들의 성품 기반 리더십을 강화했다. 2023년부터 2024년까지 고위 임원 및 간부를 대상으로 한 「품격 리더십 과정」을 통해 조직 내 리더들의 경영 능력과 성품 중심 리더십을 육성했다.

이처럼 다양한 조직들이 성품교육을 통해 리더십 개발, 개인 품성 함양, 조직 문화 개선에 기여하고 있으며, 특히 M금고와 N사는 고위 임원 및 간부를 대상으로 지속적인 성품 리더십 교육을 실시하여 긍정적인 조직 변화를 꾀하고 있다.

3 성품훈련이 가져온 성과

성품교육은 조직에 다양한 긍정적인 변화를 가져왔다.

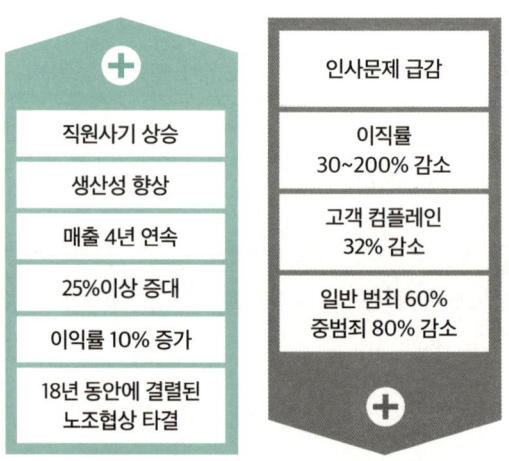

첫째, 성품교육은 직원들의 사기를 높이고 긍정적인 조직 문화를 조성했다. 이를 통해 직원 간 신뢰와 협업이 강화되었으며, 생산성이 크게 향상되었다. 성과로는 매출이 4년 연속 25% 이상 증가했고, 이익률도 10% 이상 상승했다. 또한, 18년간 결렬되었던 노조 협상이 타결되며 조직 내 갈등 해결 능력을 입증했다.

둘째, 성품교육은 조직의 문제를 효과적으로 감소시키며 안정성을 높였다. 교육 도입 후 인사 문제가 급감하다 보니 관리자들이 사람관리에 쓰는 시간보다 본연의 업무에 더 집중할 수 있게 되었고, 직원들의 소속감과 만족도가 높아져 이직률이 30%에서 최대 200%까지 감소했다. 이로 인해 조직의 지속 가능성과 효율성이 강화되었다.

셋째, 성품교육은 외부적으로도 긍정적인 영향을 미쳤다. 고객과의 관계가 개선되면서 고객 불만이 32% 감소했으며, 교정시설에서는 일반 범죄율이 60%, 중범죄율이 80% 감소하는 성과를 보였다. 이는 성품교육이 조직뿐만 아니라 사회적 문제 해결에도 기여할 수 있음을 보여준다.

이처럼 성품교육은 조직 내외부의 문제를 해결하고 지속 가능한 성장과 긍정적인 변화를 이끄는 중요한 역할을 하고 있다.

4장

성품개발의 절차와 핵심 스킬

성품 개발의 목적은 인간의 의식 수준을 높이고, 더 고귀하고 통합적인 삶을 살도록 돕는 데 있다. 이 주장을 뒷받침하는 근거는 다음과 같다.

첫째, 인간은 도덕적 성장을 할 수 있는 존재이다
라인홀드 니부어는 '도덕적 인간과 비도덕적 사회'에서 인간이 도덕적 성장을 할 수 있는 존재임을 주장했다. 이는 인간이 자신의 본능적 욕구를 넘어 더 높은 윤리적 경지로 나아갈 수 있음을 의미한다. 성품 개발은 이러한 성장을 가능하게 하는 과정이다.

둘째, 개별 마음과 집단 마음의 조화를 이루는 것이 중요하다.
데이비드 호킨스는 인간의 내면에 '개별 마음'과 '집단 마음'이 존재한다고 설명했다. 개별 마음은 개인의 욕구와 본능적 충동에 따라 움직이는 마음이다. 집단 마음은 인류가 축적해 온 도덕적 기준과 윤리적 가치에 기반한 마음이다.
성품 개발은 개별 마음과 집단 마음을 조화롭게 연결함으로써 인간이 더 높은 차원의 선택을 하도록 돕는다.

셋째, 의식 수준이 높아질수록 진리를 더 깊이 인식할 수 있다

호킨스는 인간의 의식 수준이 높아질수록 진리의 깊이를 더 잘 이해할 수 있다고 말한다. 예를 들어: 100 록스: 두려움에 의해 행동하는 의식 수준이다. 125 록스: 이기심에 의해 행동하는 의식 수준이다. 310 록스: '옳은 일이기 때문에' 행동하는 자발적 의식 수준이다.

성품 개발은 인간의 의식 수준을 310 록스 이상의 고차원으로 끌어올리는 것을 목표로 한다.

넷째, 힘(Power)과 위력(Force)의 차이를 이해해야 한다.

호킨스는 인간이 내면의 힘(Power)과 외적인 위력(Force) 사이에서 선택한다고 설명한다. 위력(Force)은 감각적으로 경험되고 통제 가능한 표면적 힘이다. 힘(Power)은 내적 앎을 통해 인지되며, 전체와 연결된 잠르재력이다.

성품 개발은 인간이 위력에 의존하지 않고, 내적 힘과 연결되어 더 깊은 수준에서 삶을 영위하도록 돕는다.

다섯째, 우세한 끌개 에너지가 인간의 선택을 결정한다

호킨스는 인간의 마음이 수백만 개의 데이터와 상호작용하며 선택이 이루어진다고 주장한다. 이 과정은 의식적으로 이해되지 않을 정도로 빠르게 이루어지며, 끌개 에너지 패턴에 따라 선택의 비중과 가치가 결정된다. 낮은 의식 수준에서는 이기적이고 제한적인 끌개 에너지가 작용한다. 높은 의식 수준에서는 집단적 선과 통합된 끌개 에너지

가 작용한다.

성품 개발은 인간이 더 높은 수준의 끌개 에너지와 정렬되도록 이끄는 역할을 한다.

여섯째, 분리된 '나'의 환상에서 벗어나는 것이 필요하다.

호킨스는 분리된 개별적 '나'의 환상이 인간 고통의 원천이라고 지적한다. 에고는 이 환상을 유지하기 위해 끊임없이 저항하며, 이는 인간의 삶을 제한적으로 만든다. 성품 개발은 인간이 에고의 한계를 넘어 더 통합적이고 연결된 의식 상태로 나아가도록 돕는다.

성품 개발의 목적은 인간의 의식 수준을 높여, 더 고귀한 진리를 인식하고 내면의 힘(Power)을 통해 자발적이고 조화로운 삶을 살도록 돕는 데 있다. 이를 통해 인간은 개인적 욕구와 집단적 가치 사이의 균형을 이루고, 더 높은 윤리적 경지로 나아갈 수 있게 되는 것이다.

1 성품 개발의 절차

첫째, 성품개발의 목적이다.

성품개발의 핵심은 명확한 기준을 설정하고, 그 기준에 따라 인간이 올바른 방향으로 행동하도록 돕는 데 있다.

플라톤은 "모든 지혜는 정의에서 나온다"고 했으며, 데이비드 호킨스도 "용어는 정의되지 않으면 생명력을 잃는다"고 주장했다. 이는 기준을 명확히 설정하는 것이 모든 지식과 행동의 출발점임을 보여준다.

성품 개발은 단순한 태도 교정이 아니라, 개인이 따라야 할 명확한 윤리적·도덕적 기준을 정의하고 이를 실천하도록 돕는 과정이다.

스탠포드대학교 심리학 연구진은 울타리가 있는 운동장과 없는 운동장에서 아이들의 행동을 관찰했다.

울타리가 없을 때: 아이들은 한정된 공간에서만 놀았다.
울타리가 있을 때: 아이들은 울타리 끝까지 가서 자유롭게 뛰어놀았다.

이 실험은 명확한 기준(울타리)이 있을 때, 인간이 더 넓은 자유와 안정감을 느끼고 행동의 범위를 확장할 수 있음을 보여준다. 성품 개발은 윤리적 기준이라는 '울타리'를 제시하여, 개인이 혼란 없이 더 자유롭고 적극적으로 행동할 수 있게 한다.

한 사고 대책 위원회는 낭떠러지에서의 잦은 사고 문제를 해결하기 위해 두 가지 접근 방식을 제시했다. 첫 번째는 '앰뷸런스를 대기시킨다'였고, 두 번째는 '낭떠러지에 난간을 설치한다'였다. 결과적으로 난간 설치가 더 효과적이었다. 난간이 없을 때: 사람들이 낭떠러지 가까이 가지 않았지만 사고가 많았다. 난간이 있을 때: 사람들은 난간 가까이 가더라도 사고가 줄어들었다.

난간은 명확한 기준의 역할을 하며, 행동의 안전한 경계를 제시했다. 성품 개발에서도 마찬가지로, 명확한 기준은 개인이 행동의 경계를 알고, 위험을 피하면서도 자신의 가능성을 최대한 발휘할 수 있도록 돕는다.

성품 개발 또한 우선적으로 기준을 명확히 정의하는 데에서 시작된다. 이는 행동의 방향성을 제공하며, 개인이 무엇이 옳고 그른지를 판단할 수 있게 한다. 기준이 명확하지 않으면 혼란이 생기고, 행동이 일관성을 잃는다. 그러나 기준이 명확하면 개인은 안정감을 느끼며 자유롭게 성장할 수 있다.

성품 개발은 명확한 기준을 설정하고, 그 기준에 따라 행동하도록 돕는 과정이다. 이는 플라톤과 호킨스의 이론처럼 용어와 개념을 정의하는 데서 출발하며, 울타리와 난간의 사례처럼 개인에게 안정감과 방향성을 제공한다. 결과적으로, 성품 개발은 기준을 통해 인간이 더 안전하고 자유롭게 행동하며, 자신과 사회에 긍정적인 영향을 미치도록 돕는다.

둘째, 성품개발의 절차 'RAP모델'이다.

RAP모델은 Recognize (인지), Act (실행): Praise (칭찬)의 준말이다.

Recognize (인지)는 특정한 성품 또는 행동을 인지하고 인식하는 단계이며 개인이나 조직에서 긍정적인 성품을 발견하거나 문제를 파악하여 변화를 시작하는 첫 단계이다.

Act (실행)는 인지한 내용을 바탕으로 구체적인 행동으로 옮기는 단계이며 이 단계에서 변화하고자 하는 성품을 실제로 실천에 옮겨야 한다.

Praise (칭찬)는 실행한 행동이나 변화를 긍정적으로 강화하고 격려하는 단계이며 칭찬을 통해 지속적인 동기를 부여하고, 성품 개발을 지속하도록 돕는다.

RAP 모델은 단순히 한 번의 실행으로 끝나는 것이 아니라 "단순 → 반복 → 지속 → 체질화"의 과정을 강조한다. 작은 변화부터 시작해서(단순) 반복적으로 실천한다. 반복적인 실행이 습관이 되고(지속) 결국 자연스럽게 체질화된다.

이 모델은 순환 구조로 표현되어 있으며, Recognize(인지), Act(실행), Praise(칭찬) 단계를 지속적으로 반복하는 것이 중요하다. 이를 통해 긍정적인 성품이 내재화 될 수 있다.

이 모델은 성품 개발의 실천적 접근 방식을 보여주는 효과적인 가이드로 사용된다.

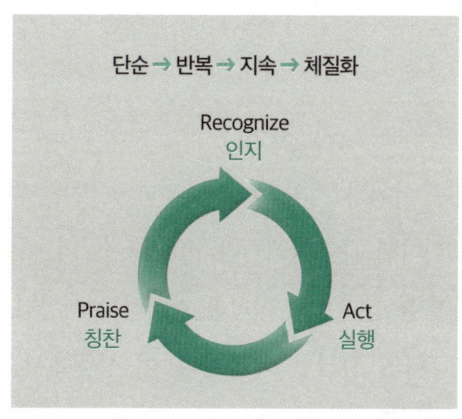

성품 개발의 절차 랩(RAP)모델

RAP모델의 첫 번째 단계는 용어와 원칙을 이해하는 단계라고 할 수 있다.

캐논(Cannon), 다림줄을 셋팅하는 단계인 것이다. '자유'라고 하면 떠오르는 생각이나 이미지를 생각해 보자.

용어는 정의되지 않으면 힘을 잃는다

자유 ❓ 해방
　　　　행복
　　　　방종
　　　　탐닉

　어떤 이는 자유라고 하면 '하고 싶은 것을 마음대로 할 수 있다'는 의미의 '방종'이나 '탐식'을 떠올릴 것이고, 또 어떤 사람은 '해방', '행복'이라는 단어를 떠올릴 수도 있을 것이다. 이처럼 용어는 일방적인 정의만으로는 그 의미가 반감되고 불완전하다. 따라서 반대되는 의미가 정의될 때 그 의미가 온전하게 이해되는 것이다.

　RAP모델 적용 예시를 '온유(Meekness) 성품'으로 살펴보면 다음과 같다.

　첫째, '인지 단계(Recognition)'이다.
　이 단계에서는 어원과 정의, 동물(말 horse) 비유, 행동원칙과 나의 결심을 학습하고 이해하는 단계이다. meekness의 어원과 그 어원이 주는 의미, 반대말을 살펴보고 정의를 암기하도록 하다. 또한, 다섯 가지 '행동원칙'과 '나의 결심'을 학습한다. 이 성품에서는 상징 동물이 왜 '말'인지에 대해 궁금해하는 경우가 많으므로 좀 더 자세한 설명을 덧붙이는 것이 좋다. 왜냐하면 '말'은 마력을 상징할 정도로 강한 힘을 상징하는 동물이라서 '온유'라는 성품과는 어울리지 않을 것 같다는 생각을 하기 때문이다.

'말'은 원래 야생마일 때는 그 힘이 매우 강하여 통제하기 어렵지만 길들어지고 안장을 올리고 나면 주인의 지시에 순순히 따르게 되는데 바로 이 상태를 '온유'라고 하는 것이다. 주인에게는 순한 말이지만 말의 강한 힘은 그대로 남아 있어서 주인이 원하면 그 힘을 주인이 원하는 곳에 사용하게 되는 것이다. 이것이 '바로 '온유'의 정의가 '상대방을 위하는 마음으로 권리와 기대를 양보하는 것'이라는 의미가 되는 것이다. 반대로, 자신을 위하는 마음으로 자신의 권리와 기대를 주장하는 것이 바로 '온유'의 반대말인 '화(anger)'인 것이다.

둘째, 실행단계(Act)'이다.

이 단계에서는 '5가지 나의 결심'을 직장과 가정, 개인의 삶 속에서 실천하는 단계이다.

> **온유의 다섯 가지 나의 결심**
>
> 1. **쉽게** 화내지 않겠다.
> 2. **말하기 보다** 더 많이 듣겠다.
> 3. **나보다** 남을 먼저 생각하겠다.
> 4. **다른 사람을** 논쟁으로 이기려 하지 않겠다.
> 5. **즉각적인** 반응을 자제하겠다.

'쉽게 화내지 않겠다', '말하기보다 더 많이 듣겠다', '나보다 남을 먼저 생각하겠다', '다른 사람을 논쟁으로 이기려 하지 않겠다', '즉각적인 반응을 자제하겠다'는 다섯 가지 나의 결심 중에서 우선 순위를 정해서 매일 한 가지씩 실천함으로써 성품의 내면화 되도록 노력한다. 한 번의 실천으로 내면화되는 것은 어렵기 때문에 단순하지만 반복적으로 실행하고 체질화될 때까지 지속적으로 실천할 수 있도록 응원하고 지지해 주는 것이 중요하다.

셋째, '칭찬단계(Praise)'이다.

이 단계는 '실행 단계(Act)'에서 보여준 다른 사람의 성품 언어와 행동, 태도를 관찰하고 인정 또는 칭찬해 주는 단계이다. 이 단계를 통해 서로의 성품적 행동을 알고 성품으로 칭찬하는 습관을 길러 줌으로써 성품 개발의 동기를 부여해 주고 때로는 '이달의 성품 챔피언'을 선정하여 공개적으로 성품 개발을 장려하는 조직문화를 조성하기도 한다. 미국 킴레이(Kimray)사를 비롯한 많은 기업들이 매월 월례회의 시 '이달의 성품 챔피언 패'를 수여하고 인사고과에도 반영함으로써 승진에 가점을 부여하고 있다. 국내 L사의 경우도 매월 '이달의 성품 챔피언상'

을 제정하여 수여함으로써 직원들의 큰 호응을 받았다.

2 성품 개발의 핵심 스킬

첫째, 칭찬 스킬이다.

성품 개발에 있어서 급여나 성과금과 같은 보상은 일시적인 해결을 해줄 뿐이다. 보상이 좋은 성품을 계발하도록 이끌지 못한다면, 어떤 것이 할 수 있을까? 좋은 성품의 개발을 고무시킬 수 있는 최고의 방법은 좋은 행동을 찾아내어 알아주고 그것을 칭찬해 주는 것이다.

하지만, 대부분의 경영자들은 칭찬하는 방법을 잘 모른다. 왜일까?

경영자는 문제를 찾고 그것을 해결하도록 훈련받았기 때문이다. 우리가 먹고 사는 문제는 잘못된 것을 찾아내고 이를 바로잡는 능력에 달려 있다. 이런 경영자들의 행동은 대개 사람들이 하는 선한 일을 보지 못하게 만든다.

우리는 대체로 다른 사람이 잘못한 점을 말해주거나 그 잘못을 바로잡으려고만 한다. 그것이 비록 그 사람을 성장시키기 위한 것이었다 할지라도, 결국에는 그 사람으로 하여금 낙심하거나 노력 자체를 포기해 버리는 결과를 낳을 수도 있을 것이다.

"사람들은 친구와는 함께하려 하지만, 상사 곁은 떠나려고 한다"는 옛말이 있다. 연구에 따르면 사람들이 조직을 떠나는 가장 큰 이유는 '인정과 칭찬의 인색함' 때문이었다. 사람들이 그만두는 이유로 금전적 보상보다는 이러한 비금전적 보상이 더 큰 비중을 차지한 것이다. 항상 잘못을 고치려고만 들고 칭찬은 좀처럼 하지 않는다면, 직원들은 낙심하여 '나는 도저히 우리 반장님을 기쁘게 할 수 없어.'라고 생각할 것이다. 사람들은 자신의 실수에 관해서만 이야기하는 곳에서 일하고 싶어하지 않는다.

성과보다는 성품을 칭찬하는 것이 중요하다.
성품을 칭찬하는 것이 성과를 칭찬하는 것과 어떻게 다를까? 한 예를 살펴보자. 한 직원이 화난 고객과 이야기하는 것을 경영자가 들었다고 해보자. 아마 납품에 착오가 생겼거나 제품에 문제가 있었을 것이다. 직원은 언짢아하지 않고 인내하며 문제 해결을 위해 노력 중이다. 고객이 만족스러워하며 대화는 끝이 났고, 문제상황은 바로잡힐 것이다.

경영자가 그 직원에게 다음과 같이 말했다고 생각해 보자. "훌륭해요! 화난 고객에게 이렇게 잘 대응하다니 기분이 좋군요. 매출을 올리는 데 기여를 했네요." 이것은 성과에 대한 칭찬이다. 초점이 성품이 아닌 최종결과에 있다.

어떻게 하면 성과보다는 성품을 칭찬할 수 있을까? 여기서 칭찬이란 좋은 성품에서 우러러 나오는 말과 행동, 태도를 알아차리고 부각시켜서 그것이 당신과 주변 사람들에게 어떤 점에서 유익한지를 설명하는 것이다. 앞의 예에서 경영자는 다음과 같이 말할 수 있다. "고객에게 대처하는 당신의 인내심에 감명받았습니다. 어려운 상황이었는데 말이죠. 매우 힘든 상황이었지 만 이를 제대로 해결했네요. 제게도 좋은 본보기가 되었고요. 새로운 고객을 찾는 것보다 기존 고객을 잘 유지하는 것이 더 낫다는 말을 나에게 상기시켜 줍니다."

후자의 예에서, 경영자는 인내심이라는 직원의 성품을 칭찬했지, 성과를 칭찬한 게 아니다. 우리의 본성은 눈앞에 보이는 성과를 칭찬하고 싶어 하지, 잘 보이지 않는 성품을 찾아 칭찬하게 되지는 않는다. 그렇기에 우리는 배워야 한다. '성품 칭찬하기'를 배우는 것은 칭찬할 만한 말과 행동 그리고 태도를 찾는 것에서 시작된다. 다른 사람에게 있는 좋은 점을 찾아 칭찬해 보라.

둘째, 바로잡기 기술(Feedback Skill)이다.
성품 바로잡기의 목표는 관계를 회복하는 것이다.
바로잡기의 절차는 다음과 같다.

- 발견 즉시 행동한다. 최소한 하루 안에 문제를 발견하고 바로잡기를 시작한다. 예를 들어 팀원이 정해진 기한까지 보고서를 제출하지 않은 것을 발견한 리더가, 하루가 지나기 전에 그 팀원을 만나 문제를 바로잡기 시작한다.
- 절대 화를 내지 않는다. 감정을 절제하고 차분한 태도로 접근한다. 예를 들어, 리더는 보고서 미제출에 화를 내기보다는, 차분한 태도로 "무슨 이유로 기한을 지키지 못했는지 이야기해 줄 수 있겠어요?"라고 질문한다.
- 개별적으로 면담한다. 공개적인 자리보다는 개인적인 면담을 통해 신뢰를 유지한다. 공개회의 자리에서 문제를 지적하지 않고,

팀원을 따로 불러 조용한 환경에서 이야기를 나눈다.
- 역할과 책임을 확인시킨다. 당사자의 역할과 책임을 명확히 인식시킨다. 예를 들어, 리더는 팀원에게 "이번 프로젝트에서 당신의 역할은 보고서를 기한 내 제출하는 것이었어요. 이 부분이 왜 중요한지 다시 한번 생각해 봅시다."라고 설명한다.
- 무엇을 어겼는지 밝힌다. 잘못된 행동이나 위반한 부분을 구체적으로 지적한다. 예를 들어, 리더는 "기한을 지키지 않은 것은 팀 전체의 업무에 영향을 미쳤습니다. 이로 인해 추가적인 일정 조정이 필요했어요."라고 명확히 지적한다.
- 외적 행동의 원인인 내적 태도를 찾아낸다. 행동의 표면적인 문제뿐 아니라 근본적인 태도 문제를 파악한다. "기한을 놓친 원인이 단순히 바빴던 것인지, 아니면 책임감을 충분히 느끼지 못했던 것인지 스스로 돌아봐야 해요."라고 말하며 내면적인 문제를 탐구하도록 유도한다.
- 양심에 호소한다. 도덕적 감정과 책임감을 일깨워 스스로 깨닫도록 유도한다. "팀 전체가 열심히 노력하는데, 이런 일이 반복되면 다른 사람들도 동기를 잃을 수 있어요. 이 부분을 잘 생각해 주세요."라고 도덕적 책임감을 일깨운다.
- 실망감을 나타낸다. 리더로서 느낀 실망감을 솔직하게 표현한다. "사실, 당신이 이 일에 더 책임감을 가지고 행동할 것이라고 믿었기에 이번 일에 조금 실망했습니다."라고 진솔하게 표현한다.
- 리더 자신의 책임을 강조한다. 문제 상황에 대한 리더 자신의 역할과 책임을 언급하며 공감대를 형성한다. "혹시 내가 업무 분배

를 잘못했거나, 충분히 지원하지 못한 점이 있었나요? 그런 부분이 있다면 나도 개선하겠습니다."라고 자신의 책임을 함께 나눈다.
- 회심하는 모습이 있는지 살핀다. 상대방이 자신의 잘못을 진정으로 깨닫고 변화하려는 모습을 확인한다. 팀원이 "이번 실수를 통해 제가 좀 더 체계적으로 일정을 관리해야겠다고 느꼈습니다."라고 말하며 자신의 잘못을 인정하는 모습이 있는지 살핀다.
- 관계를 회복한다. 바로잡기를 통해 신뢰와 관계를 다시 회복하도록 노력한다. "이번 일은 우리 관계를 더 발전시키는 계기가 되길 바라요. 앞으로 더 잘해봅시다."라고 말하며 긍정적인 관계로 나아간다.
- 치러야 할 대가를 정한다. 행동에 따른 적절한 결과나 책임을 명확히 한다.
- 결과를 평가한다. 바로잡기의 과정과 결과를 검토하고 개선 여부를 평가한다. 이후 팀원이 기한을 잘 지키고 있음을 확인하며, 리더는 "지난번 일을 잘 극복했어요. 앞으로도 이렇게 성실히 해줘서 고맙습니다."라고 피드백을 준다.

바로잡기 기술은 단순히 잘못을 지적하는 데 그치지 않고, 행동의 원인을 찾고, 내면적인 성품을 일깨우며, 궁극적으로 신뢰를 회복해 상대방 팀원의 성장을 도모하는 과정이라고 할 수 있다.

셋째, 호소하기 기술(Appealing Skill)이다.
호소하기 기술은 상대방의 행동 변화를 유도하기 위해 의지, 감정,

물리적 요소, 그리고 양심에 기반해 호소하는 방법이다. 이를 통해 사람들에게 더 나은 판단과 행동을 하도록 촉진할 수 있다.

전 미국 외무부장관 하인츠 키신저(Heinz Alfred Kissinger)는 "시간을 지켰나요?", "정직한 행동이었나요?", "절제했나요?", "최선을 다했습니까?"와 같은 질문을 통해 양심에 호소하는 방식으로 직원들의 행동을 개선시켰다고 한다.

호소하기의 4가지 유형

첫째, 의지에 호소하기 : 상대방의 내적 동기와 의지를 자극하여 행동 변화를 유도한다.

예시

"당신은 의욕을 가지면 이보다는 더 잘할 수 있지 않을까요?"
"이런 일이 다시는 반복되지 않도록 약속해 주세요."

효과

상대방의 긍정적인 태도와 의욕을 이끌어 내는 데 효과적이다.

둘째, 감정에 호소하기: 상대방이 상황을 감정적으로 이해하도록 만들어 공감을 끌어낸다.

예시

"내 입장이 어떻게 될지 생각해 봤습니까?"
"그렇게 행동하면 상대방의 기분이 어떻겠어요?"

효과

상대방의 공감 능력을 자극하여 행동의 변화를 유도할 수 있다.

셋째, 물리적인 것에 호소하기: 물리적 상황이나 현실적인 제약을 상기시키며 책임감을 부여한다.

> 예시

"그게 얼마나 많은 예산이 들었는지 알고 있나요?"

"한 달 동안 업무를 중단하세요."

> 효과

구체적이고 실질적인 결과를 제시하여 경각심을 높일 수 있다.

넷째, 양심에 호소하기: 양심에 기반한 질문을 통해 상대방이 스스로 행동을 반성하도록 유도한다.

> 예시

"시간을 준수했나요?"

"정직하게 행동했습니까?"

"최선을 다했습니까?"

> 효과

인간의 가치판단 기준인 양심을 자극하여 가장 깊고 지속적인 행동 변화를 유도할 수 있다.

의지, 감정, 물리적인 것은 상황과 조건에 따라 변할 수 있지만, 양심에 호소하는 방식은 가장 근본적인 판단 기준에 접근하는 방법이다. 따라서 양심에 기반한 질문과 호소는 상대방의 행동을 변화시키고 조직 내 성품 개발을 돕는 데 가장 효과적인 기술이라고 할 수 있다.

5장

성품훈련의 적용영역과
조직문화

성품조직의 발전 단계는 교육훈련(training)단계, 시스템(system)단계, 조직문화(culture)단계로 발전한다.

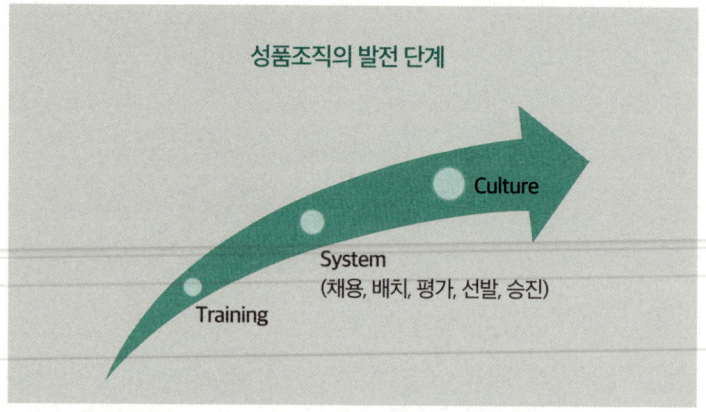

1 교육훈련 단계

교육훈련단계는 조직구성원들이 성품의 개념과 행동원칙을 이해하고 업무와 삶의 현장에서 단순, 반복 실천함으로써 성품 언어와 행동, 태도가 습관화 내지는 체질화될 수 있도록 교육하고 훈련하는 단계이다.

성품교육을 실시하면 얻게 되는 기대효과는 다음과 같다.

첫째, 성품 면접을 통한 채용 이후 유지(Retention)를 위한 조직문화 솔루션 제공이다.

채용과 선발은 조직 성공의 첫걸음이지만, 채용 이후의 훈련과 조직문화 형성은 직원의 장기적 유지(Retention)에 핵심적인 역할을 한다. 성품교육은 직원이 조직에 적응하고 성장하며 몰입할 수 있는 환경을 조성하는 데 도움을 준다. 예를 들어, 국내 유명기업인 M사와 N사 같은 기업은 '인성 면접'을 통해 신입사원을 채용하고 있지만, 채용 후 성품훈련의 중요성을 인식하지 못하여 직원의 성품개발에 투자를 하지 않음으로써 높은 연봉과 복리후생에도 불구하고 많은 직원들이 조직을 떠나고 있다. 이와 같이 성품 좋은 직원을 채용하는 것도 중요하지만 고용 유지(Retention)를 위해서는 지속적인 성품개발이 필요하다는 것을 알 수 있다.

둘째, 성품 믹스(Character Mix)를 활용한 핵심가치 내재화교육의 실행 내실화이다.

핵심가치 내재화는 종종 개인의 삶과 동떨어져 조직 목적 달성에만 치중되는 문제가 있다. 성품교육은 개인의 삶과 조직의 목적을 연결하며, 성품 믹스(Character Mix)를 통해 직원들이 핵심가치를 내면화 하도록 돕는다. 이는 개인의 일상에서 실천 가능한 성품을 강조함으로써 조직 가치를 자연스럽게 내재화하게 한다.

셋째, 역량 중심의 교육을 성품 기반 훈련으로 학습 시너지 강화이다.

성품교육은 계층별 리더십 파이프라인(Pipeline)과 연계하여 체계적인 훈련 프로그램을 제공한다. 예컨대, 리더십 교육에 '신뢰'와 '책임감'과 같은 성품 요소를 포함하면 지식뿐만 아니라 실질적인 행동 변화를 유도할 수 있다.

직무교육에도 성품훈련을 결합하면 학습 파지와 전이 효과를 극대화할 수 있다. 예컨대, 안전교육에 지식이나 스킬 외에 '경각심' 성품을 결합하면 겉으로 보여지는 행동이나 태도 뿐만 아니라 내면에서 우러나오는 안전의식으로 무장하게 될 것이다.

넷째, 주 52시간 근무제에 적합한 현장 중심 내재형(Embedding) 교육 운영이다.

인력 효율화와 주 52시간 근무제의 도입으로 교육시간 확보하기가 여간 어려운 일이 아닐 수 없다. 따라서, 외부로 나가서 교육하는 것이 쉽지 않은 상황이기 때문에 최대한 업무 현장에서 짧은 시간을 활용해서 교육을 실시할 수 있는 방안을 마련해야 한다. '115OD BTS 워크숍'은 1주일에 한 번 1시간씩 5회에 걸쳐서 이루어지는 교육인데 지식과 스킬 등 이론교육은 짧게 하고 교육받은 것을 1주일간 실천하고 나누는 데에 중점을 둔 프로그램으로서 짧지만, 개인의 삶 속에 내재화될 수 있도록 도와주는 매우 효과적인 프로그램이다.

다섯째, 4차 산업혁명 시대에 적합한 내적 동기 심화 프로그램 제공이다.

4차 산업혁명 시대의 특성인 원격화, 개별화된 근무환경 속에서는 자기 주도적이며 책임감 있는 인재가 필요하다. 성품교육은 신뢰, 절제, 창의성, 책임감 같은 내적 동기를 심화 시키고, 감사, 사랑, 정의 같은 도덕적 가치를 강화하여 첨단 기술 시대에 부합하는 인간 중심적 인재를 육성한다.

여섯째, 워크 다이어트(Work Diet) 효과를 통한 효율성과 효과성 증대이다.

워크 다이어트는 단순히 시간과 절차를 줄이는 것이 아니라, 소통의 효율성과 효과성을 높이는 데 있다. 성품교육은 소통의 기준을 명확히 하여 커뮤니케이션 속도와 만족도를 높이고, 조직 내 업무의 효율성을 자연스럽게 증대시킨다.

일곱째, 조직 몰입과 개인의 워라밸(Work-Life Balance) 기여이다.

성공은 단순히 성취의 결과가 아니라, 균형 잡힌 삶(well-balanced)을 이루는 것이다. 단순히 근무 시간의 단축이 아닌 삶의 질과 관계의 질을 높이는 데 초점이 맞춰져야 한다. 성품교육은 근로자들이 업무와 가정에서 더 나은 균형을 이루도록 돕고, 워크-라이프 밸런스를 질적으로 향상시킬 수 있는 프로그램을 제공한다.

성품교육은 개인이 직장과 가정에서 온전한 사람으로 성장하도록 돕고, 진정한 워라밸을 통해 개인의 행복과 조직 몰입을 동시에 달성할 수 있도록 한다. 이는 궁극적으로 조직과 개인 모두에게 긍정적인 영향을 미친다.

성품훈련의 적용 가능 영역

적용 영역	대상	프로그램명
개인개발 (교육훈련)	계층 (신입사원~임원)	• 임원/팀장 캐릭터코칭과정(6회기/1.5시간) • 임원 성품 기반 품격리더십과정(4~8H) • 팀장 성품 기반 존중리더십과정(8H) • 중간관리자 성품퍼실리테이터과정(16H) • 중견사원 프로 비즈니스맨 성품심화과정(4~8H) • 신입사원 프로 비즈니스맨 성품기본과정(4~8H) • 전임직원 성품마인드함양과정(8H)
	직무	• 성품 기반 안전교육과정(8h) • 성품 기반 고객서비스과정(8H) • 성품 기반 업무코칭과정(8H) • 성품 기반 채용면접과정(16H)
조직개발 (문화/활성화)	전 부문	• 성품 기반 조직문화구축 프로젝트(3개월~1년) • 성품 기반 핵심가치 내재화 프로그램(3개월~1년) • 성품 기반 직장 내 괴롭힘 예방교육(2~4H) • 성품 기반 성희롱예방교육(2~4H)

성품교육은 개인과 조직의 성장을 위해 다양한 영역에 적용될 수 있다. 이를 크게 개인개발(교육훈련)과 조직개발(문화/활성화)로 구분하여, 각 대상에 맞는 맞춤형 프로그램을 운영할 수 있다.

먼저, 개인개발(교육훈련) 분야에서는 신입사원부터 임원까지 계층별로 특화된 성품교육 프로그램을 제공한다. 임원과 팀장 대상 프로그램으로는 캐릭터코칭과정(6회기/1.5시간)이 있으며, 이를 통해 리더십 역량을 성품 중심으로 강화할 수 있다. 팀원 및 팀장과 같은 리더들에게는 품격리더십과정(4~8시간)과 같은 리더십 성품교육이 제공되며, 이는 리더들이 가치와 관계, 업무 관련 성품 리더십을 발휘하도록 돕는다. 또한, 중간관리자에게는 성품퍼실리테이터과정(16시간)과 같은 심화 훈련이 제공되어 팀의 성품 조직문화를 조성하는 데 필요한 역량을 개발하도록 돕는다. 신입사원들에게는 프로 비즈니스맨 프로그램으로 비즈니스 매너와 품격을 기반으로 한 성품 내재화 교육을 제공하여 실질적인 업무 상황에서 활용할 수 있도록 돕는다.

직무 중심의 성품교육은 안전교육, 고객서비스, 업무효율, 채용면접 등 다양한 직무 영역에서 활용된다. 안전교육과정(8시간)을 통해 안전의식을 강화하며, 고객서비스 과정(8시간)은 고객과의 관계에서 신뢰와 만족도를 높이는 데 기여한다. 또한, 업무효율과정과 채용면접과정(16시간)은 협업과 효율성을 극대화하고 채용 의사결정 능력을 높이는 데 초점을 맞추고 있다.

조직개발(문화/활성화) 영역에서는 조직의 전 부문을 대상으로 성품교육이 적용된다. 대표적으로, 조직문화 구축 프로젝트(3개월~1년)는 성품을 기반으로 조직 내 커뮤니케이션 방식을 개선하고, 핵심가치 내재화 프로그램(3개월~1년)을 통해 조직의 가치와 개인의 일상적 행동을 연결한다. 또한, 직장 내 괴롭힘 예방 교육(2~4시간)과 성희롱 예방 교육을 통해 건강한 조직문화를 조성하고 갈등을 예방한다.

이와 같이 성품교육은 개인의 성장과 더불어 조직 전체의 문화와 효율성을 개선하는 강력한 도구로 활용될 수 있다. 계층별 리더십 교육에서부터 조직문화 활성화 프로그램까지 다양한 영역에 걸쳐 성품을 내재화함으로써, 개인과 조직 모두가 장기적으로 발전할 수 있는 기반을 마련한다.

2 시스템 단계

교육훈련단계가 2년 이상 지속되게 되면 신입사원으로부터 임원에 이르기까지 모든 조직구성원들이 가정에서나 직장에서나 성품으로 생활하고 일하는 데 익숙해지는 시기가 오는데, 바로 이때가 성품을 채용, 배치, 평가, 선발, 승진 등 인사제도와 연계시키는 시스템단계이다. 시스템단계에서는 업적과 더불어 성품을 중요한 인사관리 요소로 간주한다.

GE의 성과주의 인사시스템인 9 block matrix에서는 성과(performance)가 높고 리더십(leadership potential))이 낮은 경우 현재의 역할을 지속하게 하거나 직무를 재할당(reassign)하고 Value Change교육을 받도록 한다. 성과가 중간 정도이고 리더십이 낮으면 주의 필요(at risk)로 분류하고 현재의 역할을 계속하게 하며, 성과도 낮고 리더십도 낮으면 좋지 않은 역할에 배치하거나 퇴출시킨다.

GE의 9 Block Matrix

PERFORMANCE	LEADERSHIP VALUES		
	고	중	저
고	승진/역할 확대	Value 코치	Value Change 교육
중	Performance 코치	성과 + 가치 코치	주의 필요 (At Risk)
저	Performance 향상 요구	주의 필요 (At Risk)	퇴출

즉, GE의 성과주의 인사시스템에서는 성과가 좋아도 리더십이 낮으면 문제아(problem boy) 취급을 받고 리더십에 개선의 여지가 없으면 결국에는 퇴출의 과정을 밟게 되는 것이다.

반면에, 성품을 인사시스템의 중요 요소로 채택한 기업 조직에서는 성과가 높은 반면에 성품이 부족하면 일단 승진을 보류하되 성품이 개선될 때까지 집중 훈련을 시켜준다. 성품이 부족하다고 하여 그 사람을 문제아로 취급하지도 않고 성품은 훈련을 통해 누구나 개발될 수 있다는 인간존중의 이념이 들어 있는 것이다. 성과에만 집중하지 않고 그 사람의 성품을 중시하는 인사시스템이 작동하는 것이다.

성품의 평가는 1년 내내 수시로 이루어진다. 월별로 정해진 성품의 개념과 원칙을 학습하고 일상생활 속에서 직원 상호 간 칭찬하고 피드백하며 때로는 호소를 통해 성품의 성장을 도우며 실제로 보여준 성품 언어와 행동, 태도의 증거를 근거로 '이달의 성품 챔피언'을 선정하는 과정을 통해 직원들이 인정하는 '성품 인증서'를 모으는 것이다.

이 성품 인증서는 직속상사가 인사고과를 하는 방식과는 달리 함께 생활하고 있는 직원들이 민주적인 절차에 따라 선정하고 추천하는 방식으로 운영된다. 즉, 성품 평가는 상사의 전유물이 아니라 상사를 포함한 함께 일하는 동료들의 체험과 공감으로 이루어지는 것이라고 할 수 있다.

3 조직문화 단계

조직문화는 조직 구성원들이 공유하는 가치관, 신념, 관습, 규범, 전통, 지식, 기술 등을 포함하는 종합적인 개념으로 정의된다. 이는 거시적인 문화 개념을 조직 수준에 적용한 것으로, 조직 구성원과 조직 전체의 행동에 영향을 미치는 중요한 요소로 작용한다. 조직문화는 구성원들이 의사결정, 문제 해결, 협력 방식 등에서 공유하는 공통의 틀을 제공하며, 조직의 정체성과 방향성을 규정짓는 데 중요한 역할을 한다.

학자들은 조직문화를 다양한 관점에서 정의하였다. 에드가 샤인(Edgar Schein)은 조직문화를 조직의 구성원들이 문제 해결 과정을 통해 학습한 공유된 기본 가정의 집합으로 보았다. 그는 조직문화를 외적 환경 적응과 내부 통합을 위한 도구로 정의하며, 이는 구성원들에게 행동의 기준을 제공한다고 설명하였다.

또한, 카메론(Cameron)과 퀸(Quinn)은 조직문화를 조직 내 가치를 중심으로 조직 구성원들이 공유하는 규범과 관습의 집합으로 정의하며, 조직의 성과 및 효과성에 영향을 미친다고 강조하였다. 이들은 조직문화를 네 가지 유형(클랜 문화, 계층 문화, 시장 문화, 애드호크라시 문화)으로 구분하여 조직의 특성에 따라 달라질 수 있음을 설명하였다.

조직문화는 조직의 본질을 규정하고, 조직의 지속 가능성과 성과에 큰 영향을 미치는 핵심 요소이다. 이는 조직 구성원 간의 행동과 사고를 일관되게 만들고, 조직 내외부 환경에 효과적으로 대응할 수 있도록 돕는다.

성품교육을 통해 성품이 내재화되고 나면 조직의 모든 의사결정 프로세스와 시스템이 성품을 기반으로 재정립되고 이러한 상태가 지속되면 성품이 조직 구성원들의 생각과 행동의 기준이 되고 성공을 이루는 핵심 요소로 자리매김 된 상태가 되는데 이를 '성품부서', '성품조직문화'라고 한다. 이렇게 내재화된 성품조직문화는 궁극적으로 그 기업의 경쟁력으로 작용하게 된다.

овання
6장

성품교육 사례 (1)
성품세미나 및 현장훈련

1 H그룹 존중(RESPECT) 리더십교육 사례

H그룹은 2019년부터 2024년 현재까지 매년 존중(RESPECT) 리더십교육을 실시하고 있으며 앞으로도 지속적으로 실시하여 조직문화로 정착시킬 계획이다.

H그룹의 존중 리더십 교육은 조직 내 구성원들에게 지원과 인정을 통해 긍정적인 직무 환경을 조성하고, 관리자와 구성원 간의 신뢰와 협력을 강화하는 것을 목표로 한다. 이 리더십은 특히 부하 직원에 대한 배려와 능동적인 지원을 강조하며, 이를 통해 조직의 목표와 개인의 성장을 동시에 달성할 수 있도록 한다.

존중 리더십은 구성원들이 업무를 수행할 때 그들의 성과와 성품을 인정하고 칭찬하는 것에서 출발한다. 이는 직원들에게 자신감과 동기를 부여하며, 업무에 대한 만족도를 높이는 데 기여한다. 또한, 부하 직원들이 업무를 계획하고 문제를 해결할 때 필요한 자원과 자율성을 제공함으로써 그들의 역량을 강화하고 성장할 수 있는 기회를 마련한다. 새로운 아이디어와 의견을 존중하며, 이를 실행 가능한 방식으로 지원하는 것도 중요한 요소로 작용한다.

부정적인 비판 대신 긍정적인 피드백을 제공하며, 부하 직원이 실수하거나 미흡한 점이 있을 경우에도 따뜻하고 건설적인 태도로 대화에 임하는 것이 존중 리더십의 특징이다. 이러한 태도는 직원들이 자신감을 잃지 않고, 더욱 적극적으로 업무에 임하도록 만든다. 또한, 관리자는 자신의 전문 지식과 자원을 공유하며 부하 직원과 협력적이고 신뢰를 기반으로 한 관계를 형성한다.

업무 지시와 기대 사항은 명확히 전달하여 구성원들이 혼란 없이 자신의 역할을 수행할 수 있도록 돕는다. 동시에 관리자는 개인적인 편견을 배제하고, 공정하게 부하 직원의 의견을 존중하며 평가한다. 이러한 공정성과 배려는 직원들에게 신뢰를 심어주고, 조직 내에서 긍정적인 문화 형성에 기여한다.

이 교육은 존중(RESPECT) 리더십의 개념과 이론적 배경을 이해하는 데서 시작하여, 시뮬레이션 게임과 사례 연구를 통해 현실적인 적용 방법을 학습하는 방식으로 구성된다. 참가자는 자기 진단을 통해 자신의 리더십 스타일을 분석하고, 개선해야 할 점을 도출한다. 이를 통해 참가자는 자신의 행동 변화를 필요로 하는 지점을 명확히 인식하고, 실제 업무에서 활용 가능한 개선 방안을 마련하게 된다.

결국 존중 리더십 교육은 관리자가 부하 직원의 역량을 강화하고 조직의 성과를 높이는 동시에, 구성원들 간의 신뢰와 협력을 통해 더 나은 조직 문화를 만들어가는 데 초점을 맞춘 프로그램이다.

H그룹의 존중 리더십교육은 팀장, 파트리더, 반장 등 조직관리자들을 대상으로 기본과정, 심화과정을 실시하고 있고 2025년부터는 그룹코칭을 실시할 예정이다. 기본과정에서는 존중리더십의 취지와 개념을

이해하는 데 그 목적이 있으며 심화과정은 리더십 발휘에 필요한 방법론을 습득하는 데 그 목적이 있다. 앞으로 진행될 '그룹 코칭'은 업무현장에서 실천함으로써 리더십을 체화하는 데에 그 목적을 두고 있다.

조직관리자들을 대상으로 교육을 하다 보니 '존중에 대한 오해'가 발생하는 경우가 있어서, 직책자 및 조직구성원들을 대상으로 하는 '존중 오해 타파 영상'을 짧은 영상(shorts)으로 제작하여 학습하도록 함으로써 상호 오해의 소지를 없애고 진정한 의미의 존중이 실천되도록 유도하였다.

H그룹은 국내 업계 최초로 존중(RESPECT) 리더십 모델을 정립하고 다면평가를 실시하여 조직관리자의 인사평가에도 반영하는 등 교육훈련에서 출발하여 프로세스로, 프로세스에서 인사시스템으로 까지 발전해 가고 있으며 궁극적으로는 시스템을 넘어 조직문화의 단계까지 발전해 가는 조직문화 구축의 모범 사례가 될 것이라고 전망 된다.

2 L사 성품세미나 및 현장훈련 사례

1) 실시배경 및 목적

성품교육의 실시 배경은 조직 내에서 나타나고 있는 여러 가지 문제들을 해결하고, 신입사원의 조직 적응을 촉진하기 위한 필요성에서 출발했다. 최근 신입사원의 1년 내 퇴직률이 급격히 상승하며 조직의 안정성과 지속가능성에 대한 우려가 커지고 있었다. 이는 다양한 인적 구성으로 인해 발생하는 갈등과 조화 부족에서 비롯되었으며, 신입사원들에게 조직에 대한 로열티와 명확한 가치관이 부족한 점도 큰 원인으로 작용하였다.

더불어, 조직 내에 개인주의적인 문화가 자리 잡고 있어 협동심과 신뢰가 약화되고 있는 상황이었다. 이는 팀워크를 요구하는 조직에서 큰 걸림돌로 작용하며, 조직의 목표를 달성하는 데 부정적인 영향을 미치고 있었다.

이러한 문제를 해결하기 위해 성품교육은 신입사원들에게 조직에 대한 충성심과 가치관을 형성할 수 있는 기회를 제공하고, 협동심과 신뢰를 바탕으로 하는 조직문화를 조성하는 데에 목적을 두었다. 이를 통해 신입사원들이 조직 내에서 안정적으로 자리 잡고, 성과를 창출하며, 더 나아가 조직의 성장에 기여할 수 있도록 돕는 데 초점을 맞추고 있다.

2) 성품 도출 과정

49개 성품 Pool 중에서 L사 퇴사자 원인 분석 결과 도출된 4가지 원인과 연관된 3개의 성품을 선정하였고, 이를 토대로 현장 성품훈련을 설계하였다.

성품 도출 과정은 L사에서 신입사원 퇴사율 상승의 근본 원인을 분석하고, 이를 해결하기 위해 체계적으로 접근한 결과를 반영하고 있다. 우선, 49개의 성품 Pool을 기반으로 퇴사자 원인을 분석한 결과, 4가지 주요 문제가 도출되었다. 이 문제들은 다양성 인식 부족, 로열티 및 가치관 부재, 개인주의적인 조직 문화, 직원 간의 소통 부족으로 요약된다.

　이 4가지 원인은 조직 내 협동심 결여와 신뢰 부족으로 연결되었으며, 이는 신입사원들의 조직 적응과 정착에 부정적인 영향을 미쳤다. 이를 해결하기 위해, L사는 해당 원인들과 관련된 3개의 핵심 성품을 선정하였다. 선정된 성품은 경청, 존중, 유용성이었다.

　이러한 성품들은 퇴사자 원인 분석 결과에서 나타난 다양성 인식 부족과 신뢰 결여를 해결하는 데 필요한 핵심 요소로 판단되었다. 이를 토대로, 조직의 현장 성품훈련 프로그램이 설계되었으며, 신입사원을 비롯한 조직구성원들이 실제 업무 상황에서 이 성품들을 내재화하고 활용할 수 있도록 구체적인 학습과 훈련 방안이 마련되었다. 결론

자아지향 성품	관계지향 성품	성과지향 성품	퇴사자 증가의 원인 분석 결과	연관 성품	성품의 정의
• 덕성 • 안정	• 분별 • 신중 • 사랑	• 지혜 • 과단성 • 인내	다양한 인력구성 ▼ 다양성 인식 개선 필요	경청	상대방이나 맡은 일에 모든 주의를 집중하여 그 가치를 보여주는 것
• 믿음 • 절제	• 온유 • 용서 • 포용	• 솔선 • 의지력 • 책임감	로열티 & 가치관 부재 (오포, 대전, 양산 등) ▼ 핵심가치 이해 및 내재화 필요		
• 겸손	• 긍휼 • 온화함 • 후함	• 설득 • 유연성 • 정의		존중	주위 사람의 기호를 거스르지 않기 위해 내 자유를 제한하는 것
• 신실	• 민감성 • 신뢰성	• 경각심 • 담대함 • 자원선용 • 창의성	개인주의 조직문화 ▼ • 협동심 결여 (라인 고장 및 제품불량 시, 본인 역할에만 집중) • 직원들간 신뢰 미구축		
• 근면	• 순종	• 끈기 • 검약 • 시간엄수 • 정돈 • 조심성		유용성	내가 섬기는 사람들의 뜻에 따라 일정과 우선순위를 양보하는 것
• 감사 • 긍정성	• 경청 • 존중 • 유용성 • 친절	• 진실성 • 철저함 • 협업	직원 간의 소통 부족		

적으로, 성품 도출 과정은 퇴사율 증가의 근본 원인을 체계적으로 분석하고, 문제 해결을 위해 조직의 실제 요구에 부합하는 성품들을 전략적으로 선정한 사례로 볼 수 있다. 이 과정은 조직 내 문화 개선과 신입사원들의 조직 적응을 돕는 데 초점을 맞추고 있다.

3) 교육의 전체 흐름

본 과정은 성품세미나(집체교육), 성품훈련가이드 양성, 현장 성품훈련 등 크게 세 단계로 이루어졌다.

1단계: 성품 세미나	2단계: 가이드 양성	3단계: 현장 훈련
• 대상: 전 공장 직원 • 시간: 8시간 • 내용 • 성품의 개념 이해 및 중요성 인식 • 성품 개발의 핵심 스킬 습득(칭찬, 교정, 호소) • 성품개발 실천 다짐	• 개별성품가이드 양성 • 인원: 팀별 1명 / 성품 • 시간: 4시간 • 내용: 4주간의 현장 성품 훈련 주간활동 진해에 필요한 지식 및 진행 요령 습득	• 매월 1개 성품 (3개월 간 3개 성품) • 주간활동계획 (R/P - 활동 - 점검표) • 주별 성품미팅 (나눔 - 학습 - 준비) • 주간활동(업무 현장) • 월별 성품미팅 (우수자 표창, 시상)

1단계: 성품 세미나 (집체교육)

첫 번째 단계는 전 조직구성원을 대상으로 이루어지며, 성품의 개념과 중요성을 학습하는 집체교육 과정으로 이루어진다. 이 단계에서는 성품의 기본적인 개념을 이해하고, 자신과 소속 조직의 성품 수준을 진단하며, 성품이 성공과 조화에 미치는 영향을 인식하게 된다. 이를 통해 학습자는 성품의 필요성을 깨닫고, 본격적인 성품 개발의 준비를 하게 된다.

2단계: 가이드 양성

두 번째 단계는 성품 훈련의 효과를 극대화하기 위해 필요한 리더나 가이드를 양성하는 과정이다. 이 단계에서는 성품교육과 훈련을 이끄는 데 필요한 전문성을 갖춘 인재를 육성하며, 이들이 성품 개발과 실행의 핵심적인 역할을 수행할 수 있도록 한다. 가이드들은 조직 내에서 성품 훈련을 주도하며, 지속적인 성품 문화 정착을 도모한다.

3단계: 현장 성품 훈련

마지막 단계는 실제 업무 현장에서 성품을 훈련하고 적용하는 단계이다. 이 과정에서는 학습자가 자신의 삶과 업무 환경에 맞는 성품을 개발하고 이를 실질적으로 활용할 수 있도록 돕는다. 또한, 가이드가 현장에서 구성원들에게 실질적인 지침을 제공하며, 조직 전체의 성품 문화가 자리 잡을 수 있도록 지원한다.

이처럼 성품교육의 추진 단계는 이론적 이해에서 시작하여 실질적인 적용과 실행으로 이어지며, 개인과 조직 모두가 성품을 통해 성장할 수 있는 기반을 마련한다.

4) 성품 베이직 세미나(집체교육)

성품 베이직 세미나는 8시간 집합교육으로 진행되며, 세 개의 모듈로 이루어졌다.

모듈 1: 왜 성품이 필요한가?

이 단계는 성품의 개념과 중요성을 이해하는 데 중점을 둔다. 학습자는 성공의 핵심 요소로서 성품의 역할을 배우고, 자신과 속한 집단 (조직, 가정 등)의 성품 수준을 파악한다. 이를 통해 성품이 개인 및 집단의 성공과 조화에 미치는 영향을 인식하는 것을 목표로 한다.

모듈 2: 어떻게 성품을 개발할 것인가?

두 번째 단계에서는 성품 개발의 구체적인 방법론을 다룬다. 학습자는 성품의 올바른 표현 방식과 성품 간의 균형을 유지하는 법, 성품을 교정하는 원리를 배우게 된다. 이를 통해 학습자는 자신의 삶과 집단에서 성품을 긍정적으로 변화시키기 위한 실질적인 접근 방식을 익히게 된다.

모듈 3: 어떻게 성품을 실행할 것인가?

마지막 단계에서는 성품을 실제로 적용하는 방안을 학습한다. 학습자는 자신의 삶과 업무 현장에서 필요한 성품을 개발하고 실행하기 위한 계획을 수립하게 된다. 이를 통해 학습한 내용을 현실에 적용하여 개인 및 조직의 성장을 도모한다.

성품 베이직 세미나는 이처럼 성품의 개념 이해에서 시작해, 구체적인 개발 및 실행 방법을 학습함으로써 개인과 조직의 성품을 체계적으로 향상시키는 과정을 제공한다

5) 현장성품훈련

현장 성품 훈련은 "학습-실천-반복"의 지속적 순환을 통해 성품을 내재화하고 조직 문화로 정착시키는 과정을 목표로 한다. 이 과정은

다음과 같은 단계로 구성되어 있다.

활동목표	1개의 개별 성품에 대하여 1개월 동안 업무 현장에서 매주 1회 성품 미팅 및 성품 개발 실천 활동을 통하여 성품이 내면화되고 체질화되도록 '반복-습관화-지속화 훈련'을 함으로써 개인 및 부서의 우선순위 성품 개발 및 성품조직문화를 구축함
활동기간	성품 베이직 세미나 후 6~12 개월 간 / 매주 1회 1시간 이내
주관	부서장 또는 부서 내 리더 (부서 자체 진행 곤란 시 연수팀 파견 강사)
교육방법	교육방법 개념 숙지, 사례연구(동물, 인물), 성품노래(RAP), 게임, 주간활동계획, 역할연기, 성공/실패 사례 공유 및 소감 나누기, 우수자 포상(성품챔피언 패, 시상)

- 주간/월간 성품 활동 리뷰
- 월간 성품 개발 실천 우수자 선정 및 표창 (월 1회 이 달의 성품 챔피언상)

- 업무 현장 및 가정에서 실천하기
- 실천 후 개별 성품 개발 실행경험 나누기 (다음 미팅 시)

- 개별 성품 개발 계획 수립 및 발표 (성품 정의, 활동할 내용, 성품 점검 질문 목록)

업무현장 성품훈련: 도입 → 개념 이해 → 방해 찾기 → 개발 방법 → 나의 결심 → 실천 하기 → 활동 포상

- 성품 관련 성공·실패 경험 나누기
- 성품의 개념 이해
- 성품의 정의 외우기
- 성품 방해 요소 찾기(개인)
- 성품 방해 요소 공유하기(전체)
- 역할연기(선택): 성품을 등한시 했을 때 나타나는 결과
- 성품 개발 방법 리뷰 및 아이디어 도출

1단계: 도입

훈련의 첫 단계는 참여자들에게 훈련의 목적과 중요성을 알리는 것이다. 이 단계에서는 성품 개발의 필요성을 인식시키고, 훈련에 대한 동기를 부여하며, 참여 의지를 고취시킨다.

2단계: 개념 이해

다음 단계에서는 성품의 정의와 주요 개념을 학습한다. 이를 통해 참가자들은 성품의 본질과 역할을 명확히 이해하고, 이를 자신의 삶과 업무에 연결시킬 준비를 하게 된다.

3단계: 방해 찾기

참가자는 자신과 조직의 성품 발현을 저해하는 방해 요소를 파악한다. 이 과정에서는 기존 행동 패턴을 분석하고, 성품 개발에 걸림돌이 되는 요인을 식별하여 개선 방향을 모색한다.

4단계: 개발 방법

이 단계에서는 성품 개발을 위한 구체적인 방법론을 학습한다. 참가자들은 자신에게 맞는 성품 개발 전략을 설계하며, 이를 실천할 수 있는 현실적인 계획을 수립한다.

5단계: 나의 결심

참가자는 성품 개발과 실천에 대한 자신의 결심을 명확히 한다. 이를 통해 자신이 설정한 목표를 성취하기 위한 의지를 다지고, 구체적인 실행 계획을 개인적으로 설정한다.

6단계: 실천하기

수립한 계획을 기반으로 실제 삶과 업무에서 성품을 실천한다. 이 단계에서는 훈련에서 배운 내용을 적용하며, 행동 변화를 통해 성품 개발의 성과를 체감한다.

7단계: 활동 포상

훈련 과정과 결과에 대해 스스로를 평가하고, 성취를 포상한다. 이 과정은 참여자의 동기를 지속적으로 유지하며, 성품 개발의 긍정적 효과를 강화한다.

현장 성품 훈련은 단발적인 교육으로 끝나지 않고, 반복적인 학습과 실천을 통해 지속적으로 성품을 발전시키는 데 초점이 맞춰져 있다. 이를 통해 참가자들은 성품을 자신의 행동에 자연스럽게 통합하고, 조직 내 성품 문화 형성에 기여하게 된다.

이와 같이 현장 성품 훈련은 이론적 학습에서 시작해 실천과 평가로 이어지는 체계적인 순환 과정을 통해 개인과 조직 모두의 성품을 향상시키는 것을 목표로 한다.

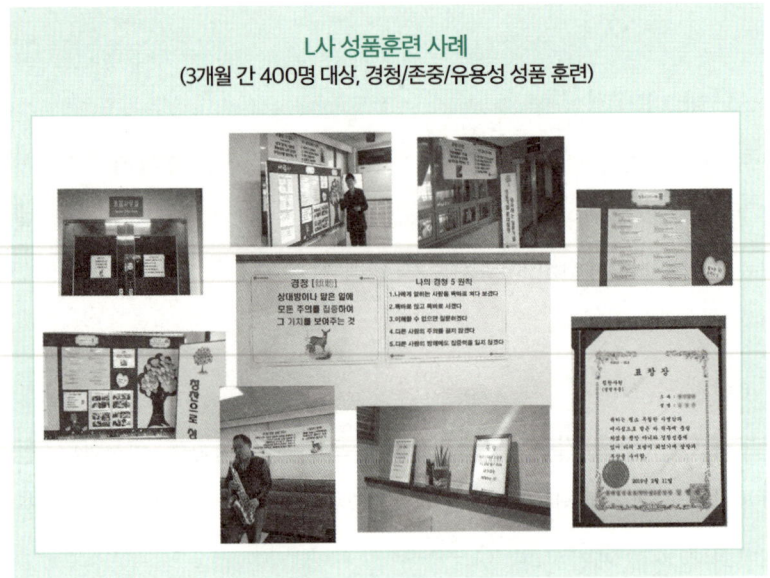

6) 교육만족도 및 효과성 평가

교육만족도는 전체 평균 4.6점으로 매우 높은 만족도를 보였다.

교육 전, 후 효과성 평가를 위해 GWP(Great Work Place) 진단을 실시한 결과 세 가지 항목 모두 평균 0.9점이 상승한 것으로 나타났고 '이직 의사가 있다'와 같은 부정적 문항의 경우도 평균 1.0 이상이 낮아진 것으로 나타났다.

첫째, 신뢰와 협력에 관한 설문 결과이다.

번호	문항	교육전	교육후	차이	의미분석
1-1	우리 부서/팀의 동료들은 나에게 별 관심을 갖지 않는다.	3.3	2.1	-1.2	부정적 문항 낮아짐
1-2	우리 부서/팀에 나와 취미나 취향이 같아 자주 어울리는 사람이 있다.	2.6	3.5	0.9	
1-3	나는 부서/팀원 중 누군가가 어려움에 처하면 적극적으로 도와준다.	3.3	4.1	0.8	
1-4	나는 주로 부서/팀 내의 인간관계 때문에 스트레스를 받는다.	3.3	2.1	-1.2	부정적 문항 낮아짐
1-5	나에게 괴롭거나 슬픈 일이 있을 때 부서/팀원 중 누군가는 나서서 위로해 준다.	2.9	3.9	1.0	
1-6	우리 부서/팀의 분위기는 화기애애하다.	3.1	4.0	0.9	
1-7	우리 부서/팀의 구성원들은 서로 신뢰하고 있다.	3.0	3.9	0.9	
1-8	우리 부서/팀에서는 상사와 부하가 서로 신뢰하고 있다.	3.0	3.8	0.8	
1-9	집안의 중요한 일을 구성원들이 서로 잘 알고 지낸다.	2.2	3.6	1.4	
1-10	전반적으로 우리 부서/팀은 동료, 상사, 부하와의 인간관계가 좋다.	3.2	3.9	0.8	
1-11	부서/팀원들이 나에게 기대하는 바를 잘 알고 있다.	3.0	3.8	0.8	
1-12	일이 늦어지거나 막혔을 때 동료 간에 서로 도와주곤 한다.	3.2	4.1	1.0	

| 1-13 | 부서/팀원 중 누군가가 업무 상 어려움에 처하면 서로 솔선해서 도와준다. | 3.2 | 4.1 | 0.9 |
| 1-14 | 우리 부서/팀은 업무수행에 필요한 자원(돈, 시간, 사람 등)이나 정보를 서로 나눠주고 알려준다. | 2.8 | 3.8 | 1.0 |

이 표는 성품교육 전후의 설문 결과를 나타내며, 응답자들이 팀 내 신뢰와 협력과 관련된 항목에 대해 느끼는 부정적인 경향이 얼마나 변화했는지를 보여준다. 이를 분석하면 다음과 같다.

1-1. "우리 부서/팀의 동료들은 나에게 별 관심을 갖지 않는다."

- 교육 전 평균 점수: 3.3
- 교육 후 평균 점수: 2.1
- 변화량: -1.2
- 해석: 교육 전에는 동료들 간의 관심 부족에 대한 부정적인 인식이 상대적으로 높았음을 보여준다. 하지만 교육 후 점수가 1.2만큼 감소하면서 동료들 간의 관심과 상호작용이 개선되었음을 시사한다. 이는 성품교육이 동료들 간의 관계를 강화하는 데 긍정적인 역할을 했음을 나타낸다.

1-4. "나는 주로 부서/팀 내의 인간관계 때문에 스트레스를 받는다."

- 교육 전 평균 점수: 3.3
- 교육 후 평균 점수: 2.1
- 변화량: -1.2
- 해석: 교육 전에는 인간관계로 인한 스트레스가 빈번하게 보고되었으나, 교육 후 점수가 1.2 감소하며 인간관계에서의 스트레스가 줄어들었음을 보여준다. 이는 성품교육이 갈등 관리와 협력 증진에 기여했음을 시사한다.

종합 분석

두 항목 모두에서 동일한 변화량(-1.2)이 나타났다. 이는 성품교육이 동료들 간의 관계를 개선하고 스트레스 요인을 줄이는 데 일관성 있는 효과를 발휘했음을 의미한다.

교육 전후의 점수 차이는 팀 내 상호작용과 신뢰가 긍정적인 방향으로 변화했음을 보여주며, 교육을 통해 동료 간의 소통과 협력이 강화된 결과라고 해석할 수 있다.

특히, 교육 전후 점수의 감소는 성품교육이 개인 간의 관심과 스트레스 관리에 구체적이고 실질적인 변화를 가져왔음을 뒷받침한다.

결론적으로, 성품교육은 조직 내 신뢰와 협력을 강화하고, 스트레스를 줄이는 데 실질적인 영향을 미쳤으며, 팀워크 개선과 더불어 긍정적인 조직 문화를 형성하는 데 기여했다.

둘째, 재미와 만족감에 관한 설문 결과이다.

번호	문항	교육전	교육후	차이	의미분석
2-1	나는 회사 일이 재미 있다.	2.5	3.5	1.0	
2-2	나는 회사의 정책이 마음에 든다.	2.3	3.0	0.6	
2-3	외적인 보상 보다는 활동 자체가 목적이 되어 스스로 만족을 얻을 수 있어서 일을 한다.	2.7	3.6	0.8	
2-4	우리 부서/팀의 목표달성이 매우 중요하다고 생각한다.	3.3	4.2	0.8	
2-5	나는 우리 부서/팀의 분위기를 좋게 만들기 위해 노력하고 있다.	3.3	4.3	1.0	
2-6	우리 부서/팀에 도움이 된다면 나는 부가적인 잡일도 마다하지 않을 것이다.	3.0	3.7	0.8	
2-7	나는 현 직장에서 내 자신의 경력을 계속해서 쌓아 갈 것이다.	3.1	3.9	0.8	
2-8	나는 현재 수준의 급여를 받을 수 있다면 다른 회사로 옮길 것이다.	2.7	1.9	-0.8	부정적 문항 낮아짐
2-9	나는 지금의 회사에 근무하는 것이 자랑스럽다.	3.2	3.7	0.5	

설문 결과를 바탕으로 재미와 만족감에 대한 교육 전후의 만족지수 변화 추이를 분석하면 다음과 같다.

2-8: "나는 현재 수준의 급여를 받을 수 있다면 다른 회사로 옮길 것이다."
- 교육 전 평균 점수: 2.7
- 교육 후 평균 점수: 1.9
- 변화량: -0.8
- 분석: 해당 문항은 부정적인 문항으로, 높은 점수는 낮은 만족감을 의미한다. 교육 전에는 "현재 급여를 받을 수 있다면 다른 회사로 옮길 의향이 있다"는 응답 비율이 비교적 높았다. 이는 현재 직무나 조직에 대한 만족감이 부족했음을 나타낸다. 그러나 교육 후 점수가 1.9로 감소하며 부정적 응답이 감소하였고, 이는 직무나 조직에 대한 만족도가 향상되었음을 시사한다. 0.8의 변화는 성품교육이 직원들의 조직 충성도와 직무 만족감을 높이는 데 기여했음을 보여준다.

종합 분석

교육 전후의 변화 추이는 성품교육이 직원들의 직무 만족도와 조직 충성도를 강화하는 데 긍정적인 영향을 미쳤음을 나타낸다. 특히 "다른 회사로 옮길 의향"과 같은 부정적 인식이 감소한 것은 성품교육이 단순히 개인의 태도 개선뿐 아니라 조직 내 문화와 관계의 질을 향상시켰음을 보여주는 중요한 지표이다.

만족도 개선의 배경에는 성품교육을 통해 동료와의 관계, 협력, 그리고 조직에 대한 긍정적인 인식이 강화되었기 때문이라고 추론할 수 있다. 이는 직원들의 조직 내 재미와 만족감이 증대되었음을 의미하며, 장기적으로는 이직률 감소에도 기여할 가능성이 높다.

실제로, 성품 베이직 세미나에서 시작하여 현장 성품 훈련까지 4개월 간의 교육이 마무리되고 나서 1년 후에 L사에 확인해 본 결과, 신입사원 퇴직률이 이전 년도에 비해 80%나 급감하였고 생산 현장의 앞, 뒤 공정 간의 유기적인 협력체계가 이루어지고 있다는 것을 들을 수 있었다. 또한, 교육이 끝난 지 2년 후에 교육에 참여했던 직원들과 인터뷰한 결과 성품교육을 받은 기억이 지금도 생생하고 가정과 직장에서 항상 성품을 실천하려고 한다는 이야기를 들을 수 있었다.

셋째, 보람과 자부심에 관한 설문 결과이다.

번호	문항	교육전	교육후	차이	의미분석
3-1	나는 현재 내가 하고 있는 일에 대해 보람을 느끼고 있다.	3.2	3.9	0.7	
3-2	현재 내가 하고 있는 업무는 나의 능력과 소질에 딱 맞는다.	2.7	3.3	0.6	
3-3	나는 상사나 동료들로부터 업무능력을 인정받고 있다.	3.0	3.8	0.8	
3-4	현 직장에서는 새로운 기술이나 지식을 습득할 기회가 있다.	3.2	3.8	0.7	
3-5	회사 내에서 현재 나의 위치에 대해서 불안감을 느낀 적이 있다.	3.3	2.4	-0.9	부정적 문항 낮아짐
3-6	부서/팀 내 업무분장이 잘 되어 있다.	2.5	3.3	0.8	
3-7	부서/팀의 인원배치나 업무분장이 합리적이다.	2.6	3.3	0.7	
3-8	회사에서는 사원에 대한 업무범위나 책임한계가 명확하다.	2.5	3.2	0.6	
3-9	우리 부서/팀의 목표를 달성하기 위해 내가 해야 할 일을 잘 알고 있다.	3.2	3.9	0.7	
3-10	부서/팀의 구성원들은 업무를 추진하는 과정에서 손발이 척척 맞는다.	2.9	3.7	0.8	
3-11	상사는 업무를 수행하는 과정에서 좋은 결과가 나오도록 지도하고 격려해 준다.	3.0	4.2	1.2	
3-12	업무상 필요한 정보를 부서/팀원들끼리 서로 충분히 전달하고 있다.	2.9	3.8	0.9	

설문 결과를 바탕으로 보람과 자부심에 대한 교육 전후의 만족지수 변화 추이를 분석하면 다음과 같다.

부정적 문항 (3-5번)

- 문항 내용: "회사 내에서 현재 나의 위치에 대해서 불안감을 느낀 적이 있다."
- 성품교육 전 점수: 3.3
- 성품교육 후 점수: 2.4
- 점수 변화: -0.9
- 해석: 부정적 문항에서 점수가 감소했으므로 긍정적인 변화로 해석된다. 교육 이후 '불안감'이 감소하여 응답자들이 자신의 위치에 대해 더 안정감을 느끼고 있음을 보여준다.

긍정적 문항 (나머지 문항)

긍정적 문항의 평균 점수가 아래와 같다.
- 교육 전 평균 점수: 2.88
- 교육 후 평균 점수: 3.65
- 평균 점수 변화: +0.77
- 해석: 긍정적 문항에서 점수가 상승했으므로 긍정적인 변화로 해석된다. 이는 교육 이후 응답자들이 업무에서 보람과 자부심을 더 느끼게 되었음을 나타낸다.

종합 분석

- 부정적 문항: -0.9 감소 (긍정적 변화)
- 긍정적 문항: +0.7 증가 (긍정적 변화)
- 추세: 교육 전후 데이터를 기반으로 분석한 결과, 성품교육이 긍정적 효과를 나타냈다. 부정적 문항에서 점수가 감소한 것은 불안감이 줄어든다는 것을, 긍정적 문항에서 점수가 상승한 것은 보람과 자부심이 향상되었다는 것을 의미한다.

7) 경청성품 개발 사례
① 경청의 정의
상대방이나 맡은 일에 모든 주의를 집중하여 그 가치를 보여주는 것
Showing the worth of a person or task by giving my undivided concentration

② 경청의 5원칙
1원칙 : 나에게 말하는 사람을 집중해서 바라보라
　　　　(Look at people when they speak)
2원칙 : 귀를 활짝 열어 두라 (Be all ears)
3원칙 : 이해할 수 없을 때는 질문을 하라
　　　　(Ask questions when unsure)
4원칙 : 산만한 행동을 피하라 (Avoid distraction)
5원칙 : 공감적 경청을 하라 (Listen with empathy)
항목별로 보면 다음과 같다.

③ 경청 성품 개발 사례
■ 사례1

　장모님과 대화가 적어서 늘 어색하고 불편하게 느껴졌습니다. 그러다 이번 휴가 동안 처가댁을 방문하면서 큰마음을 먹고, 3분/5분 경청 티켓을 준비해 갔어요. 용기를 내어 장모님께 그 티켓을 드리며, 이틀 동안 진심으로 들어드리겠다고 약속했습니다. 제 뜻밖의 시도에 장모님께서 "우리 사위한테도 이런 면이 있었네!" 하시며 유쾌하게 웃으셨

고, 정말 기뻐하시는 모습을 보니 저도 마음이 따뜻해졌습니다. 덕분에 장모님과의 관계가 훨씬 가까워진 느낌입니다.

■ 사례2

아이들이 어릴 때는 저희 부부가 주로 아이들 이야기를 나눴습니다. 하지만 이제 아이들이 다 커서 각자 바쁘게 생활하다 보니, 자연스럽게 대화의 주제가 줄어들고, 요즘은 강아지에 대한 이야기를 빼면 서로 어떤 얘기를 나눠야 할지 난감하기만 했어요. 그래서 솔직하게 "경청 숙제를 해야 한다"고 아내에게 털어놓았더니, 아내가 그동안 제가 얼마나 자신에게 무관심했는지 하소연을 시작하더라고요. 그렇게 시작된 대화가 점점 깊어지면서, 정말 오랜만에 진솔하고 의미 있는 대화를 나누게 되었습니다. 아내가 무척 행복해하는 모습을 보니, 저 역시 마음이 따뜻해졌습니다.

■ 사례3

아내가 회사에서 일하다가 갑자기 병원에 실려 갔다는 연락을 받고 급히 달려갔습니다. 처음에는 그냥 피곤해서 그런 거라고 대수롭지 않게 넘기려 했지만, 경청을 실천할 겸 "편하게 다 이야기해도 된다"며 마음을 열어보라고 했습니다. 그러자 아내는 사실 이번이 처음이 아니라 지난번에도 한 번 쓰러진 적이 있었다고 고백했습니다. 그 사실을 전혀 모르고 있었던 저는 깜짝 놀랐습니다. 아내는 회사에서 얼마나 힘들었는지, 외국인 노동자들 사이에서 일하면서 경험이 많고 능숙한 자신에게만 일이 몰려왔고, 다른 사람들 일을 마무리하느라 혼자 남아 일하는 경우가 많았다고 털어놓았습니다. 그동안 쌓였던 고충을 눈물 흘리며 얘기하는 아내를 보니 마음이 아팠습니다. 아내가 평소에 불평이나 힘든 이야기를 꾹 참고 혼자 끌어안고 있는 성격이라, 그간 스트레스가 쌓여 건강이 더 나빠진 것 같았습니다. 그래서 건강이 가장 중요하니 당분간 일을 쉬고 우선 푹 쉬라고 이야기해 주었고, 아내는 너무 고마워하며 그동안 이렇게 깊이 있는 대화를 해본 적이 없었다고 전했습니다. 경청 훈련 덕분에 아내와의 관계가 한층 더 가까워진 것 같아 저 역시 감사한 마음이 들었습니다.

■ 사례4

아이 셋이 매일같이 싸우기만 해서, 이번에는 작정하고 아이들에게 마음껏 이야기해 보라고 했습니다. 그랬더니 첫째와 둘째는 막내가 자꾸 자기들을 때리고 귀찮게 해서 힘들다고 불평을 쏟아냈어요. 평소 같았으면 막내의 잘못만 보고 혼냈을 텐데, 이번에는 막내의 이야기도 들어주기로 했습니다. 막내는 자기 이야기를 들어주자, "형들이랑 누나가 놀아주지 않아서 심심하고 화가 나서 그랬다"고 솔직하게 털어놨습니다. 이를 들은 첫째와 둘째는 막내 동생과 더 잘 놀아주겠다고 약속했고, 그 후로 형제간에 더 따뜻한 분위기가 생긴 것 같아 뿌듯했습니다.

■ 사례5

아내가 매일 집안일을 도와주지 않는다고 불평을 하면, 저는 늘 "집에 있는 당신이 해야지, 일하고 들어온 내가 그것까지 해야 하냐?"며 소리만 질렀던 것 같습니다. 그런데 경청 훈련을 하면서 아내의 말을 진심으로 들어주다 보니, 듣기만 하고 도와주지 않는 건 뭔가 부족하다는 생각이 들었습니다. 그래서 먼저 재활용 쓰레기도 버리고, 설거지도 도와줬더니, 아내가 정말 행복해하는 모습을 보였습니다. 처음에는 이 교육이 얼마나 효과가 있을까 하며 반신반의하던 아내가 저의 변화에 놀라워하며, 이번 교육은 뭔가 다르다며 감탄을 쏟아냈습니다. 그 덕분에 집안 분위기가 부드러워졌고, 요즘은 집에 들어가는 길이 더욱 즐거워졌습니다. 경청 훈련의 소중함을 다시금 느끼게 된 순간이었습니다.

■ 사례6

아들과 대화를 시도했지만, 몇 차례 혼을 낸 탓에 아들이 저를 무서워하게 되어 거리가 멀어졌습니다. 그래서 가족회의를 열어 일주일에 한두 번은 대화의 시간을 갖기로 약속했고, 이번에는 경청 원칙을 적용해 보기로 마음먹었습니다. 약속한 날, 치킨과 피자를 준비해 두고 아들에게 "네 이야기를 다 들어줄게"라고 약속한 뒤 대화를 시작했습니다. 처음에는 의아해하던 아들이 차츰 마음을 열고, 학교에서 있었던 사고부터 하나씩 풀어놓기 시작했습니다. 저는 듣기에 집중하며, 아빠도 학교 다닐 때 비슷한 경험이 있었다며 공감해 주었더니 아들도 점점 더 편하게 이야기를 이어갔습니다. 이런 기회가 아니었다면 아들의 학교 생활을 전혀 알 수 없었을 것입니다. 덕분에 공감대를 형성하고 아들의 입장을 이해하면서, 하고 싶었던 교육적인 조언도 더 자연스럽게 전달할 수 있었습니다.

■ **사례7**

부모님과 떨어져 지내다 보니 주말에만 대화할 시간이 있어 이번에 경청 실습을 해보기로 했습니다. 평소에는 제가 할 말을 다 하고 나서 부모님 말씀은 대충 듣곤 했는데, 이번에는 부모님께서 하실 말씀을 먼저 다 하시도록 기다렸습니다. 그리고 나서 제가 드릴 말씀을 차례로 전했습니다. 특별히 큰 변화가 있었던 건 아니었지만, 부모님께서 기뻐하시며 "아들이 변했네"라고 흐뭇하게 말씀하시는 걸 보니 마음이 따뜻해졌습니다. 그 말씀에 힘을 얻어 앞으로도 꾸준히 경청을 실천하려고 다짐했습니다.

■ **사례8**

고1인 아들과 진로에 대해 이야기를 나누었는데, 아들이 무조건 대학에 진학하려는 것이 아니라 자신의 꿈을 구체적으로 계획하고 있다는 사실을 알게 되었습니다. 아들의 이런 생각과 태도가 정말 대견하고 고마웠습니다. 그의 생각을 경청하지 않았다면 몰랐을 사실이었기에, 앞으로도 더 자주 아들과 깊이 있는 대화를 나누어야겠다고 느꼈습니다.

■ **사례9**

처가 할머니께서 돌아가셔서 장례를 치르던 중, 조문객들이 모두 돌아간 늦은 밤에 장인어른이 계신 곳으로 조용히 다가갔습니다. 그리고 장인어른께서 마음속 깊이 담아두신 말씀들을 오래도록 들어드렸습니다. 사위인 제가 끝까지 경청하니, 장인어른께서 돌아가신 어머니에 대한 마음이 조금이나마 풀리시는 듯했습니다. 그 시간은 서로에게 참 소중했고, 저에게도 뜻깊은 위로의 순간이 되었습니다.

■ 사례10

아내를 대상으로 5분 경청을 두 번 실천했습니다. 맞벌이로 바쁘게 지내다 보니 그동안 아내의 직장 생활에 대해 깊이 알지 못했는데, 이번에 처음으로 아내의 이야기를 자세히 들을 수 있었습니다. 아내에게 나름대로 조언도 해주며 대화를 나누다 보니, 아내도 매우 기뻐하는 모습을 보였습니다. 평소 퇴근 후에는 주로 동료들과 술 모임을 가졌지만, 지난주에는 아내와 대화를 나누느라 술 모임을 가지지 못했습니다. 아쉽기도 했지만, 이런 새로운 소통의 즐거움을 알게 된 것이 참 뜻깊었습니다.

■ 사례11

평소 고1 딸과 대화할 때마다 "너만 힘드냐? 다른 애들도 다 힘든데…"라는 말을 자주 했던 것 같습니다. 하지만 이번에는 처음으로 딸의 말을 끊지 않고 고개를 끄덕이며 경청해보았습니다. 딸이 어색해하고 놀란 표정을 지었지만, 동시에 굉장히 좋아하는 것 같아 뿌듯했습니다. 이번 주에는 딸과의 대화를 조금 더 이어가고 싶어, 다양한 질문을 준비해서 대화를 길게 이어가 보려 합니다. 경청의 힘을 다시금 느끼게 된 순간이었습니다

■ 사례12

평소 아내와 대화할 때 TV를 켜놓는 경우가 많았는데, 이번에는 경청 실습을 하며 처음으로 TV를 끄고 온전히 아내에게 집중했습니다. TV 소음이 없으니 그동안 들리지 않던 아내의 속마음을 비로소 읽을 수 있어 참 좋았습니다. 이번에는 제가 커피까지 내려주며 아내의 이야기를 들어주었더니, 아내가 그동안 혼자서 감당해왔던 여러 고민들을 털어놓기 시작했습니다. 고2 아들의 학원 문제와 중2병으로 힘들어하는 딸아이의 진로에 관한 이야기도 함께 나눌 수 있었습니다. 그동안 "현대 교육은 엄마의 정보력과 아빠의 무관심이 중요하다"는 생각을 고집해왔지만, 이번 경험을 통해 그런 고집이 깨지며 가족의 일에 더 관심을 가져야겠다고 다짐했습니다.

■ 사례13

9살 딸아이와 대화를 시도하면서 학교 생활에 대해 경청해보았는데, 뜻밖에 딸이 학교에서 친구들에게 따돌림을 당하고 있다는 사실을 알게 되었습니다. 딸에게 "그 이유가 뭐라고 생각하니?" 하고 조심스럽게 물으며 이야기를 이어가다 보니, 딸이 밝고 명랑한 성격이지만 자기 주장이 강한 편이라 친구들에게 잘난 체한다는 인상을 주고 있는 듯했습니다. 다행히 야간 근무라 다음 날 오후에 학교에 가서 담임선생님과 면담도 할 수 있었습니다. 이번 경청 훈련을 통해, 평소 가정에서든 직장에서든 대화가 얼마나 중요한지 새삼 크게 느꼈습니다. 이 훈련 덕분에 딸아이의 마음을 더 깊이 이해할 수 있었고, 이에 대해 진심으로 감사하고 있습니다.

■ 사례14

그동안 바쁜 일상 속에서 아내와 충분히 대화할 시간이 없었는데, 어느 날 아내에게 "하고 싶은 말 있으면 다 해봐, 내가 다 들어줄게"라고 말해보았습니다. 그러자 아내는 그동안 쌓였던 서운함과 힘들었던 점들을 하나하나 이야기하기 시작했습니다. 평소 같았으면 중간에 말을 끊고 제가 주로 이야기를 했겠지만, 이번에는 끝까지 아내의 이야기를 경청했습니다. 참고 들어주니 비로소 아내가 진심으로 원하는 것이 무엇인지 알 수 있었습니다. 물론 아내의 모든 바람을 다 들어줄 자신은 없지만, 아내의 마음을 이해하게 되어 참 다행이라는 생각이 들었습니다.

■ 사례15

주말에 집에 갔을 때, 평소처럼 친구를 만나러 나가지 않고 어머님과 함께 집에 있기로 했습니다. 그러자 어머님께서 먼저 다가와 많은 질문을 하셨습니다. 저도 그 질문에 답하면서 평소 어머님께 궁금했던 것들을 여쭤보니, 어머님께서 정말 즐겁게 말씀을 이어가셨습니다. 대화가 끝난 후 행복해하시는 어머님을 보니 제 마음도 흐뭇해졌습니다. 평소에는 어머님이 이렇게 말씀을 많이, 그리고 잘하시는 줄 정말 몰랐습니다. 어머님과 대화할 기회를 더 자주 가져야겠다고 느끼며, 그동안 소홀했던 점에 대해 반성하게 되었습니다.

■ **사례16**

중3과 중1, 두 아들과 경청 티켓을 활용해 대화를 시도했습니다. 그동안 아이들 돌보는 일은 주로 아내에게 맡겼었는데, 이번 기회에 직접 아이들과 대화하며 경청해보니 새로운 것들이 보였습니다. 큰아들과 대화하던 중, 학교 영양사 선생님의 이름이 '박양념'이라는 사실을 듣고 한참 웃었는데, 놀랍게도 아들은 그 이름을 바꿀 생각을 한 번도 하지 않았다고 했고, 음식은 맛이 없다는 불만도 털어놓았습니다. 둘째는 야구를 좋아해서 안성리틀야구단에 들어가고 싶어하지만, 아직 기회가 없어서 주말마다 집 앞 공터에서 함께 캐치볼을 하며 이야기를 나눴습니다. 아내와의 대화도 시도하고 있지만, 아내는 아직 본격적으로 시작하지 못하고 조금 부끄러워하는 것 같아 천천히 다가가며 노력 중입니다. 이번 기회를 통해 가족들과 한층 가까워진 느낌이 들어 뿌듯합니다.

■ **사례17**

아내와 맞벌이 생활을 하다 보니 경청할 기회를 찾기가 쉽지 않지만, 계속해서 노력할 계획입니다. 최근 초3 딸아이와 대화를 나누며 경청하던 중, 수학에서 다소 어려움을 겪고 있다는 느낌을 받았습니다. 그래서 직접 가르쳐보았지만 쉽지 않아서, 수학 학원 수강을 고려하게 되었습니다. 현재 딸아이는 5개의 학원을 다니고 있어서 하나를 그만두고 수학 학원에 다니면 어떻겠냐고 제안했는데, 딸아이는 모든 학원을 다 하고 싶다고 의욕을 보였습니다. 그 모습이 기특하기도 하고 한편으론 염려도 되지만, 아빠로서 든든히 후원해주기로 다짐했습니다.

■ 사례18

아내를 대상으로 5분 경청을 두 번 실천했습니다. 맞벌이로 바쁜 일상 속에서 아내의 직장생활에 대해 깊이 들어본 적이 없었는데, 이번에 처음으로 아내의 이야기를 소상하게 들을 수 있었습니다. 나름대로 조언도 해주며 대화를 이어가니 아내도 매우 기뻐하는 모습을 보였습니다. 평소 퇴근 후에는 동료들과 술 모임을 가지는 편이었지만, 지난 주에는 아내와의 대화를 위해 모임을 가지지 않았습니다. 아쉬운 부분도 있었지만, 아내와의 소통이 주는 새로운 즐거움을 깨달아 뜻깊은 시간이었습니다.

■ 사례19

부모님과는 1년에 한두 번 정도 만나고, 만남이 짧은 인사로 끝나는 경우가 많았습니다. 그런데 이번 1월 1일에는 경청의 의미를 되새기며 부모님의 말씀을 3시간 가까이 들어드렸습니다. 부모님께서 무척 기뻐하시는 모습을 보고 큰 감동을 받았고, 그 뒤로는 이틀에 한 번씩 전화를 드리며 꾸준히 소통하려 노력하고 있습니다.

■ 사례20

지난 주, 선배님이 아내와 대화할 때 TV를 끄고 대화하니 효과가 있었다는 이야기를 듣고, 12월 31일에 부모님과 형 등 온 가족이 모였을 때 거실의 TV를 꺼보았습니다. 덕분에 금년에 아쉬웠던 일이나 내년의 계획 등 다양한 대화 주제가 생겼고, 이야깃거리가 자연스럽게 많아지는 걸 느꼈습니다. 이번에는 눈을 마주치고 고개를 끄덕이며 가족들의 말을 경청하려 노력했습니다. 가족들 모두가 좋아하며 대화가 한층 깊어졌고, 경청의 힘이 얼마나 큰지 깨닫는 계기가 되었습니다.

■ 사례21

아내에게 5분 경청 카드를 선물로 주고 소파에 앉게 한 후, 커피를 내려주면서 무슨 말이든 편하게 해보라고 했습니다. 그런데 아내는 처음엔 "부담스럽다, 1분 카드 없냐?"며 1분만 하겠다고 했지만, 이야기가 시작되자 25분 동안이나 말을 이어갔습니다. 대화 중에 아내는 눈물을 흘리며 직장에서 겪고 있는 어려움과 애로사항을 털어놓았습니다. 아내의 이야기를 들으며 저도 가슴이 아프고 미안한 마음이 들었습니다. 이 경험을 통해 경청의 힘이 얼마나 큰지 깊이 느꼈고, 앞으로 아내의 말을 습관적으로 경청하겠다는 결심을 하게 되었습니다.

■ 사례22

아내와 눈을 바라보며 대화를 시작했더니 처음에는 느끼하다며 불편해했지만, 일주일 동안 꾸준히 그렇게 하다 보니 연애 시절로 돌아간 기분이 들었다고 합니다. 또한, 아이들과 등산을 하며 "오늘은 경청의 날"이라고 정하고 듣기만 하려 노력했는데, 자꾸 충고하고 싶은 마음이 올라와 참기가 쉽지 않았습니다. 하지만 아이들은 그 시간을 정말 좋아하는 듯 보여서, 경청의 중요성을 다시 느끼게 되었습니다.

■ 사례23

저는 10살 터울의 남동생과 경청 실습을 해보았습니다. 평소에는 나이 차이가 크다 보니 진지하게 대화를 나눌 일이 거의 없었고, 동생을 어리게만 생각했어요. 그런데 이번에 경청 실습을 통해 동생의 이야기를 정말 잘 들어주다 보니, 어느새 훌쩍 커 있는 동생의 모습이 새삼스러웠습니다. 동생과 이렇게 속 깊은 대화를 나눌 수 있을 줄 몰랐는데, 저에게도 감동적인 시간이 되었어요. 경청의 힘이 이런 것이구나 하고 느낄 수 있었습니다.

■ 사례24

부부 싸움을 심하게 했다는 친구의 부인과 대화를 나누게 되었는데, 경청 훈련 과정에서 배운 내용을 떠올리며 1시간 넘게 잘 들어주었습니다. 그렇게 이야기를 들어주는 동안 친구 부부가 서로의 마음을 이해하게 되었고, 결국 화해의 분위기가 되었습니다. 기분 좋게 막걸리 한잔하고 헤어질 때, 친구와 부인이 정말 고맙다고 진심으로 감사 인사를 전하더군요. 그 순간, 경청의 가치가 이런 것이구나 하고 깊이 느끼게 되어 감동이 밀려왔습니다.

■ 사례25

주말에 지인들 모임에 갔을 때, 평소엔 제가 주로 이야기를 많이 하는 편이라 이번에는 다짐을 하고 적극적으로 경청을 실천해보기로 했습니다. 그러자 친구들이 "무슨 일이야? 너무 변해서 깜짝 놀랐다!"며 모두 입을 모아 칭찬해주었어요. 그래서 사실 회사에서 성품 훈련 교육을 받고 있는데, 지금 경청을 배우고 있다고 살짝 자랑하듯 이야기 했습니다. 그러자 모임에 있던 모든 분들이 "우리 회사에서도 그런 교육 받아야겠다!"며 부러워했고, 그 반응에 기분이 참 좋았습니다.

■ 사례26

같은 팀에 있는 동료와 일하면서 사이가 좋지 않아 마음이 불편했었는데, 용기를 내어 대화를 시도해보기로 했습니다. 경청을 통해 서로의 감정을 솔직히 털어놓고 나니, 지금은 훨씬 편안한 마음으로 일할 수 있게 되었습니다. 물론 상대방이 아직 완전히 편하게 느끼는 것은 아니지만, 예전보다는 훨씬 나아졌고 앞으로 더 좋아질 것이라는 기대가 생겼습니다.

■ 사례27

1주차부터 후배와의 대화를 목표로 경청을 실천해보려 했지만, 휴가와 일정 문제로 계획을 미루게 되었습니다. 그러나 2차 훈련을 받고 나서 다시 결심하여, 지난주에 후배와 진지한 대화를 시도하며 경청을 실천해보았습니다. 후배는 저에게 많은 질문과 업무적인 어려움을 솔직히 털어놓았고, 저는 후배가 대화할 때 주의를 집중하고, 눈을 위로 치켜보며 째려보는 듯한 표정을 고치는 연습을 함께 해보자고 조언을 했습니다. 한 조에서 훈련을 함께 받고 있는 만큼, 앞으로 더 좋은 관계로 발전할 수 있을 거라는 확신이 생겼습니다.

■ 사례28

부사수로 일하고 있는 동료 직원이 평소 제 눈치를 보는 듯해서, 틈틈이 말을 걸고 의도적으로 눈을 보며 미소를 지으며 경청해보았습니다. 전에는 제가 어렵고 껄끄럽게 느껴졌다고 하던 그 친구가 "조금은 편해진 것 같다"고 말해주더군요. 이번 주에도 계속해서 경청을 실천해보며 더욱 편안한 관계로 발전해 나갈 계획입니다.

■ 사례29

알바로 바쁜 큰아들과 모처럼 시간을 내어 경청 훈련을 해보았습니다. 오늘 배운 "흰꼬리 사슴의 지혜"를 떠올리며, 사슴처럼 작은 소리에도 귀를 활짝 여는 마음으로 아들의 이야기에 집중했습니다. 아들이 자기 생각과 의지를 많이 표현하는 모습을 보며, 맞장구도 치고, 때로는 공감하며 이해하려 노력했습니다. 이렇게 아들과 깊이 소통하며 그의 마음을 조금 더 읽을 수 있었습니다. 평소에 시도하지 않았던 방법을 이번 교육에서 배운 내용을 통해 실천해보니, 마치 새로운 삶을 사는 듯한 기분이 들어 행복했습니다.

■ 사례30

6살인 둘째 아들은 아직 어려서 그런지 궁금한 것이 많습니다. 이번 경청 훈련을 통해 아들의 질문에 성실히 귀 기울여 듣고 대답해주었습니다. 또, 어린이집 재롱잔치 준비에 대해 이것저것 물어보길래 같이 만들고 준비해주었더니, 아들이 "우리 아빠 최고!"라고 하며 기뻐했습니다. 그 말에 정말 행복했습니다.

■ 사례31

　내년에 고3이 되는 아들과 경청 실습을 해보았습니다. 아들에게 원하는 것이 있으면 말해보라고 질문했더니, 견문을 넓히기 위해 유럽여행을 가고 싶다고 하더군요. 미성년자라 내년 3월이 되어야 혼자 여행이 가능하지만, 경비가 약 700만 원 정도 필요하다고 했습니다. 아들이 정말 원한다면 그 비용을 들여서라도 보내주고 싶다는 생각이 들었습니다. 그래서 내년 여름방학 때를 목표로 미리 계획을 세워보기로 했고, 아들에게 실천 가능한 계획서를 작성해 오라고 했습니다. 여행 코스는 어떻게 할 것이며, 숙소는 어디로 할 것인지 등 구체적인 계획을 세워서 다시 이야기해보자고 했습니다. 또한, 고교 졸업 후 미래의 경력을 위해 호주에 가보고 싶다고 하는데, 마침 충남과 호주가 자매결연을 맺은 기관에서 호주 탐방을 갈 수 있는 사람을 두 명 정도 선발한다는 정보를 알고 있더군요. 만약 아들이 선발된다면 호주에도 보내줄 생각입니다. 이번 경청 교육을 통해 마음만 먹으면 경청이 가능하다는 확신이 생겼고, 가정은 물론 회사에서도 계속 적용해 나가야겠다고 다짐했습니다.

■ 사례32

　평소 대화가 쉽지 않았던 어머니와의 관계를 경청을 통해 개선하였습니다. 그동안은 어머니의 말씀이 끝나기도 전에 제 이야기로 대화를 마무리하는 경우가 많았는데, 이번 훈련을 통해 어머니의 말씀을 끝까지 듣고 나서 제 이야기를 전하기 시작했습니다. 그러자 어머니 마음 속 깊은 이야기와 감정을 이해할 수 있게 되었고, 어머니도 고맙다고 말씀하셨습니다. 이 계기를 통해, 바쁜 일상 때문에 소홀해졌던 어머니와의 관계가 무척 좋아졌습니다. 앞으로는 회사에서도 경청을 실천해 직원들과도 더 좋은 관계 속에서 일할 수 있도록 노력하겠다고 다짐했습니다.

■ 사례33

고3에 올라가는 큰아들이 공부 때문에 스트레스를 받고 있어, "요즘 불편한 점이 있니?"라고 조심스럽게 물으며 경청해보았습니다. 아들은 처음엔 망설이다가 이야기를 시작했는데, 인강을 듣고 있던 자신에게 엄마가 강제로 학원을 세 곳이나 끊어주면서 패턴이 맞지 않아 힘들고 화가 난다고 털어놓았습니다. 끝까지 들어주자 "아빠가 내 말을 들어줘서 고마워. 엄마한테는 말하지 마"라고 부탁했습니다. 그래서 아내에게는 이 이야기를 전하지 않았고, 비록 문제가 완전히 해결되진 않았지만, 아들의 얼굴이 조금 밝아진 걸 볼 수 있었습니다. 아들도 스트레스가 풀린 것 같다고 했고, 다음에 또 어려운 일이 생기면 저에게 이야기할 것 같다는 느낌이 들었습니다. 이번 경청 덕분에 부자 간의 관계가 더 가까워졌습니다.

■ 사례34

남편이 노후에 대한 걱정을 나누고자 할 때, 제가 "그래서 결론이 뭐야?"라는 식으로 대화를 끊곤 했었어요. 그러자 남편이 "내 얘기 좀 끝까지 들어주고 칭찬도 해주고 그래!"라고 아쉬워하더군요. 돌아보니, 젊었을 때는 저희가 서로 반대의 스타일이었는데 세월 속에서 서로 변한 점이 느껴졌습니다. 앞으로는 더 경청하고, 부부가 함께 마음을 나누는 것이 중요하다는 걸 서로 공유하게 되었습니다. 또, 대학생 아들이 방학 동안 집에서 지내며 게임만 하는 모습이 전엔 못마땅했지만, 이번에는 인내심을 갖고 질문하며 경청해보았습니다. 그러자 아들이 공감을 느꼈는지, 평소 싫어하던 스킨십도 자연스럽게 받아들이며 먼저 다가와 얼굴 여드름을 짜달라고 할 정도로 마음을 열었어요.

- **사례35**

저는 조용조용한 성격이라 말수가 많지 않은 편입니다. 하지만 이번 교육에서는 매주 빠짐없이 출석하고,

사례 발표도 성실히 준비해서 참여했습니다. 마지막 주차에는 저희 부부 이야기를 나누었는데, 결혼한 지 오래되었지만 아이가 생기지 않아 여러 번 시험관 아기 시술을 시도하며 아내가 참 많이 힘들어했어요. 늘 아내가 고생하는 모습이 안쓰러워서 평생 잘해야겠다는 마음은 있었지만, 막상 그 마음을 잘 표현하지 못했습니다. 그런데 이번 경청 훈련을 통해 아내의 이야기를 끝까지 들어주면서, 시험관 시술로 아이를 임신하는 과정이 얼마나 힘들고 고된지 조금이나마 이해하게 되어 다행이었고, 제 자신도 변화하는 계기가 되었습니다.

- **사례36**

지난주에는 아내와의 경청 실습을 통해 관계가 좋아졌는데, 이번 주에는 고2에 올라가는 아들과 경청 실습을 해보았습니다. 그동안 아들과의 대화가 적어 관계가 다소 멀게 느껴졌는데, 이번 실습을 계기

로 대화할 기회를 갖게 되어 다행이었습니다. 스마트폰은 진동으로 설정해 방해받지 않도록 하고, 아들이 좋아하는 아이스크림을 준비해 직접 아들 방으로 갔습니다. 아들을 침대에 앉히고 저는 아래에 앉아 "아빠가 뭘 도와주면 네가 하고자 하는 일에 도움이 될까?"라고 질문을 던졌습니다. 그렇게 대화를 나누다 보니 아들이 희망하는 것이 무엇인지, 그리고 부모로서 어떤 지원이 필요한지 알 수 있었습니다. 대화의 핵심은 "공부를 어떻게 하면 더 잘할 수 있을까?"였는데, 오랜 이야기 끝에 학원을 바꿔보자는 결론에 이르렀습니다. 이번 경청 훈련을 통해 아들과의 소원했던 관계가 점차 가까워지고 있음을 느꼈습니다.

■ 사례37

지난 주 마이너스 질문과 플러스 질문에 대한 토론 중, 한 동료가 선배에게 질책을 받고 상심해 있을 때, K님께서 플러스 질문으로 "야, 저녁에 술 한잔 할래?"라며 분위기를 풀어주셨습니다. 덕분에 웃음이 돌며 분위기가 밝아졌고, H 매니저가 그 주 수요일 근무 후 회식을 제안하자, 모두가 흔쾌히 예스하며 이번 주에 함께 회식 분위기를 나눌 수 있었습니다. 특히 P/ J, P/ K, K/ P 등 주OP와 부OP 간의 경청 훈련을 통해 관계가 더욱 좋아지고, 상호간에 호소와 교정이 자연스러워졌습니다. 전 조원들이 이러한 변화를 함께 기뻐했습니다. 특히 4주차에는 H 가이드님께서 "경청의 정의와 나의 결심 5원칙"을 노래로 진행해주셔서 모든 조원들이 즐거운 시간을 보낼 수 있었습니다.

8) 존중 성품 개발 사례
① 존중의 정의
주위 사람의 주의를 거스르지 않기 위해 내 자유를 제한하는 것

Limiting my freedom so that I do not offend the tastes of those around me

② 존중의 5원칙
1원칙 : 다른 사람의 선호를 공경하라. (Honor preferences)

2원칙 : 다른 사람을 편안하게 하라. (Put others at ease.)

3원칙 : 다른 사람에게 양보하라. (Yield to others.)

4원칙 : 다른 사람을 존경하라. (Respect others)

5원칙 : 해결책을 찾아라. (Seek resolution.)

③ 존중성품 개발 사례
■ 사례1

설 연휴 전에 이사를 하게 되었는데, 중2 딸이 전학을 가지 않겠다고 해서 연휴 동안 딸과 많은 대화를 나누었습니다. 딸의 이유를 오랫동안 경청해보니, 지금의 좋은 친구들과 헤어지기 싫고, 1년만 더 있으면 고등학교에 진학하게 되니 조금 멀더라도 현재 학교에 다니고 싶어 한다는 걸 알게 되었습니다. 딸은 학교가 멀다고 해서 공부를 소홀히 하거나 부모님께 걱정을 끼치지 않을 것이며, 자신의 일에 대한 책임은 자신이 지겠다고 말했습니다. 딸의 성숙한 모습을 보며 존중받는 아빠가 된 것 같아 무척 기뻤습니다.

■ 사례2

선배님의 결정을 존중하겠다고 마음먹고, 지시가 이해되지 않을 때는 주저하지 않고 질문하며 적극적으로 업무에 임했습니다. 그 결과, 혼자서 해결할 수 있는 업무 능력이 많이 늘어나게 되는 혜택을 얻게 되었습니다.

■ 사례3

여동생에게 일을 부탁할 때마다 항상 돈으로 보상해왔었는데, 이번에는 인격적으로 대하며 여동생을 존중해주었습니다. 그러자 여동생이 돈을 받을 때보다 훨씬 더 기뻐하는 모습을 보여, 진심 어린 존중이 더 큰 의미를 가진다는 것을 느꼈습니다.

■ 사례4

지금까지 아내에게 제 결정을 무조건 따르라고 하며 독재자처럼 행동해왔습니다. 그런데 이번에는 아내의 선호를 존중하고, 집안일도 도우며 마치 머슴처럼 행동해보니, 아내가 무척 좋아하는 모습을 보았습니다. 아내의 기쁨을 보며, 배려와 존중의 힘을 다시금 느끼게 되었습니다.

■ 사례5

남편이 야간 근무를 하다 보니, 존중 코칭을 받고 남편에 대한 존중을 어떻게 표현할까 고민했습니다. 그래서 남편이 낮에 충분히 잘 수 있도록 개구쟁이 아이들을 데리고 외부로 나가 시간을 보낸 후 귀

가했습니다. 평소에는 아이들이 남편에게 놀아달라고 보채곤 했었지만, 이번에는 아이들에게 잘 설명하고 설득해 함께 외출했죠. 남편이 충분히 쉬고 나서 고마워하는 모습을 보니 저도 뿌듯하고 마음이 흡족했습니다.

■ **사례6**

남자친구와 의견 충돌이 있을 때, 경청과 존중의 코칭에서 배운 내용을 활용해보았습니다. 먼저 남자친구의 의견을 충분히 끝까지 경청하고, 의사결정을 할 때도 그의 의견을 존중해 주었습니다. 그러자 남자친구도 제 생각을 많이 양보해 주더군요. 덕분에 남자친구가 저를 신뢰하고 있다는 느낌과 동시에 저 역시 존중받고 있다는 느낌을 받게 되었습니다.

■ **사례7**

고향인 부산에 내려갔을 때, 친척들이 펜션을 얻어 하루 더 놀고 명절 다음 날 올라가자고 제안했습니다. 그렇게 하면 출근도 힘들고 길도 막힐 것 같아 처음에는 거부했지만, 존중을 떠올리며 "나 혼자 조금 고생하면 모두가 행복하겠지?"라는 생각으로 함께 1박을 하기로 했습니다. 덕분에 모두 즐거운 시간을 보냈고, 올라오는 길도 생각보다 짧게 느껴져 5시간 30분 만에 도착해 기분이 좋았습니다.

■ **사례8**

명절에 친척들과 함께 식당에 갔는데, 이전에는 제가 무조건 가고 싶은 곳으로 억지로 끌고 갔었습니다. 이번에는 모두의 의견을 들어보고 다수결로 장소를 정하니, 만족도도 확실히 올라갔습니다. 식당에서 친척들이 "네가 웬일로 이렇게 하냐?"며 놀라워했죠. 또한, 회사에서 선배님께 다소 무리한 부탁을 드린 적이 있었는데, 선배님께서 먼저 "왜 그런 부탁을 했는지" 제 이야기를 들어주셨습니다. 저를 배려하며 "아~ 그렇구나!"라고 이해하고 공감해주신 뒤, "어쩔 수 없지" 하시며 제 부탁을 흔쾌히 들어주셨습니다. 그 순간, 제가 선배님을 존중하기 전에 먼저 선배님께서 저를 존중해주셨다는 사실에 큰 감동을 받았습니다.

■ 사례9

가정에서 아내가 편하도록 화장실을 깨끗하게 사용하고, 사용한 수건도 바로 걸어두는 습관을 들였습니다. 그러자 아내가 무척 좋아하는 모습을 보였고, 그 모습을 보니 저도 뿌듯했습니다. 그래서 앞으로는 청소까지도 직접 할 예정입니다.

■ 사례10

친구와 서로의 기호와 상대방에게 원하는 것에 대해 이야기할 기회가 있었는데, 그 과정에서 친구가 제가 가끔 사용하는 거친 표현을 불편해 한다는 걸 알게 되었습니다. "미친 것 아니야?" 같은 표현들이 신경 쓰였던 거죠. 이후로 말조심을 하다 보니, 친구와의 사이가 더욱 돈독해 졌습니다.

■ 사례11

후배나 동료들에게 거친 말을 삼가기로 결심하고, 가능하면 칭찬과 미소로 대하려고 노력했습니다. 그러자 오히려 제가 더 기분이 좋아지고 행복해지는 것을 느낄 수 있었습니다.

■ 사례12

명절 동안 많은 일과 장거리 이동으로 피로가 쌓여 짜증이 계속 났습니다. 짜증을 내지 않기로 다짐했지만, 피로 속에서 치밀어 오르는 짜증을 참기 어려워 스스로 실망하기도 했습니다. 출근해서 피곤한 표정으로 짜증을 참으며 일을 하고 있는데, 공장장님께서 다가와 "명절 동안 너무 힘들었죠? 수고 많았어요. 몸도 많이 피곤하겠지만, 함께 힘내서 일해 봅시다. 화이팅!"이라고 말해주셨습니다. 그 말씀 덕분에 큰 힘을 얻었고, 기분도 훨씬 좋아졌습니다.

■ 사례13

저는 곱창을 별로 좋아하지 않아서, 어머니가 좋아하시는 걸 알면서도 함께 먹으러 간 적이 없었습니다. 그런데 이번에 처음으로 어머니와 곱창을 먹으러 갔더니, 어머니께서 "네가 웬일이니, 요즘 너무 많이 변해서 엄마가 깜짝깜짝 놀란다"며 무척 기뻐하셨습니다.

■ 사례14

고3이 된 아들을 위해 새로 학원 3곳을 등록했지만, 아들이 부모와 상의 없이 모두 취소해버렸습니다. 아내가 화가 나서 가족들 앞에서 아들에게 심하게 꾸짖었는데, 그 모습을 보니 아들의 인격이 무시되고 있다고 느껴졌습니다. 아들을 따로 불러 학원을 취소한 이유를 경청하고, 아내 대신 사과했습니다. 그 후로 평소 대화가 거의 없던 아들이 저에게 10분에 한 번씩 전화를 걸어오기 시작했습니다. 이번 일을 통해 아들과 대화의 통로가 열리게 되어 참 다행이라고 느꼈습니다.

■ 사례15

아침에 출근하면서 먼저 미소로 인사를 건네려고 노력했습니다. 출근 후에는 직원들과 함께 커피를 마시며 가벼운 대화를 나누는 시간을 가졌는데, 덕분에 이전에는 서먹서먹했던 직원들과 조금 더 가까워진 느낌이 들어 참 좋았습니다.

■ 사례16

신입사원 채용 관련 전화를 받았을 때, 약 20분 동안 친절하게 상담해주었습니다. 그러자 상대방이 "이런 회사와 이런 직원을 처음 본다"며 감동했다고 전해왔고, 전화 후에도 감사 문자를 받았습니다.

■ 사례17

아이들에게 매를 많이 드는 편이었는데, 아이들이 주눅 든 모습을 보면서 반성하게 되었습니다. 이후 아이들 앞에서 매를 들지 않겠다고 약속하고, 그 약속을 지키니 아이들도 스스로 잘하려고 노력했습니다. 아빠로서 아이들을 존중하니, 덕분에 관계가 한층 부드러워졌습니다.

■ 사례18

관련 부서 직원과 전화할 때 '내가 먼저 예의를 갖추고 부드럽게 말하며, 상대방의 입장을 존중하겠다'고 결심했습니다. 배합 부서 직원이 농축액 관련 업무에서 약간의 실수를 했고, 사과하자 저는 "걱정하지 마세요, 그럴 수도 있어요. 이해합니다."라고 부드럽게 말하며 위로했습니다. 그러자 그 직원이 감동을 받았는지 거듭 "고맙다"고 인사하더군요. '다른 사람을 존경하라'는 마음을 업무 현장에 적용하니 분위기가 훨씬 좋아지고, 타 부서와의 협력도 원활해짐을 느꼈습니다.

■ 사례19

후배들에게 업무 중 실수가 생길 때, 최대한 부드럽게 말하려고 노력하고 있습니다. 화를 내는 것이 가동률을 높이는 데 전혀 도움이 되지 않는다는 사실을 깨닫게 되었습니다.

• 사례20

성품교육을 배우려는 의지는 젊은 사람들보다 나이 있으신 분들이 더 높다고 느낍니다. 교육 기회가 부족했던 탓인지, 이분들은 교육에 매우 진지하게 임하시더군요. 저도 솔직히는 "과제니까, 시키니까"라는 마음으로 형식적으로 수업에 참여하곤 했는데, 이분들의 열정적인 모습을 보며 다시 한번 교육에 임하는 자세를 돌아보게 되었습니다. 오늘 중식 시간에도 평소와 다른 모습을 발견했습니다. 식사 후 자기 자리를 뒷사람을 위해 휴지로 깨끗이 닦는 모습이 무척 멋있어 보였고, 작은 변화가 일어나고 있다는 느낌이 들었습니다. 이런 작은 행동들이 일회성으로 끝나지 않고 생활 속에서 자연스럽게 실천되어, 모두에게 좋은 문화를 만드는 모습으로 자리잡았으면 좋겠습니다. 이런 옳은 행동들이 조직 문화의 기초가 되며, 전체적으로도 바른 조직 문화를 세우는 데 큰 힘이 될 것이라고 확신합니다.

■ 사례21

배합실에서 막내로 일하다 보니 제가 도움을 받는 일이 많은데, 덕분에 여러 선배님들께 많이 배울 수 있었습니다. S 주임님은 모르는 부분을 질문하면 언제나 친절하게 설명해 주시고, 일이 생기면 대처 방법까지 세심하게 알려주십니다. 현장에서 부적합 사항이 있을 때도 S 주임님께서 친절히 해결해 주셔서 큰 도움이 됩니다. J 반장님은 현장과 통제실을 오가며 일하시는데, 제가 질문할 때마다 친절하게 답변해 주십니다. J 주임님은 통제실에서 근무하시는데, 제가 같은 질문을 반복해서 물어볼 때에도 언제나 친절히 답변해 주셔서 편안하게 배울 수 있었습니다. K 형은 차에 대한 지식이 풍부해서 차와 관련된 재미있는 이야기를 많이 해주십니다. 그리고 J 형은 고양이를 키우고 있는데, 저도 언젠가 고양이를 키워보고 싶어서 필요한 비용이나 미세한 점들에 대해 물어보면 유용한 정보를 많이 알려줘서 큰 도움이 됩니다. 이렇게 선배님들께 다양한 도움을 받으며 많이 배우고 있어 감사한 마음입니다.

■ 사례22

가족 뿐 아니라 동료들까지 존중의 대상을 넓히며, 특히 후배를 대할 때 제 입사 초기의 어려움을 떠올리며 꾸지람보다는 성실히 개선해야 할 사항을 지도하고 설명해주기로 했습니다. 그 결과 후배와의 관계도 한층 개선되었고, 서로 편하게 지낼 수 있는 사이가 되었습니다.

■ 사례23

부사수가 먼저 쉴 수 있도록 배려하고, 화장실에 다녀오거나 식사 후 천천히 돌아올 수 있게 마음 편히 배려해주었습니다. 또, 1공장에서 전화할 때 "존중합니다"라고 인사하는 캠페인을 열심히 실천했더니, 제 마음도 편해지고 상대방도 좋아하는 모습에 좋은 느낌을 받았습니다. 앞으로도 부사수를 더 존중하며 실천을 이어가도록 노력하겠습니다.

■ 사례24

'후배 직원들을 편안하게 해주고 존중하겠다'는 각오로, 직원들과 마주칠 때마다 먼저 "존중합니다"라고 인사를 건네기 시작했습니다. 예전에는 후배들의 행동이 마음에 들지 않으면 거친 말을 서슴지 않았지만, 이제는 '좋은 말, 부드러운 말'을 사용하려 노력하고 있습니다. 이번 존중 교육을 통해 서로 먼저 인사하고, 칭찬과 미소로 대하며 아름다운 직장 문화를 만드는 데 앞장서고 있습니다.

■ 사례25

제 아내는 멕시코 출신으로, 안성에서 아이를 키우면서 외국인으로서의 어려움과 타국에서의 고립감 때문에 우울증을 겪게 되었습니다. 저 역시 어떻게 해줘야 할지 몰라 힘들었지만, 회사에서 성품교육을 받으면서 경청과 존중의 중요성을 배우고, 조금씩 아내와 대화를 나누기 시작했습니다. 존중 교육에서 "상대방이 원하는 것을 찾아보라"는 말을 듣고, 아내에게 무엇을 하고 싶은지 물어보니 네일아트를 배워보고 싶다고 했습니다. 그래서 주간 휴일에 아내와 함께 네일아트 학원에 가서 수강 신청을 했습니다. 이후로 아내의 우울증이 나아지고, 활력을 되찾으면서 삶이 점차 회복되고 있습니다. 지금은 국가자격증을 준비 중입니다. 이번 성품교육 훈련과정에 진심으로 감사드리고 있습니다.

■ 사례26

동료 반장이 고민이 있어 들어보니, 서울에 계신 어머니의 수술로 휴가를 내야 할 상황인데, 본인이 자리를 비우면 제가 혼자 일해야 할까 봐 부담스러워하고 있었습니다. 저는 "걱정 말고 휴가를 내고 어머니 수술을 챙기라"고 말해주었고, 반장은 누님께 전화해 수술 일정을 잡았습니다. 오늘 아침, 동료 반장이 찾아와 수술이 연기되어 휴가를 쓰지 않아도 된다고 전해주었고, 이 과정을 통해 서로 신뢰와 존중의 관계로 발전할 수 있었습니다.

9) 유용성 성품 개발 사례
① 유용성의 정의

내가 섬기는 사람들의 뜻에 따라 나의 일정과 우선순위를 양보하는 것

Making my own schedule and priorities secondary to the wishes of those I serve

② 유용성의 5원칙

1원칙 : 예측하고 준비하라. (Anticipate and Prepare)

2원칙 : 기꺼이 유연하게 대하라. (Be willing to Flex)

3원칙 : 열린 소통을 하라. (Keep Communication Open)

4원칙 : 돕겠다고 제안하라. (Offer to Help)

5원칙 : 불가피한 변화에 대비해 계획을 하라 (Plan for Inevitable Change)

③ 유용성성품 개발 사례

■ 사례1

신입사원이 입사한 이후 내내 표정이 좋지 않고 힘들어하는 모습을 보았습니다. 그래서 2주 후에 다시 만났을 때, 그 신입사원의 표정이 매우 밝아진 것을 보고 기뻤습니다. 제가 상담을 통해 그의 고충을 잘 이끌어 주었고, 그 덕분에 자신감을 되찾은 것 같았습니다. 이번에 입사한 모든 신입사원들에게도 조직 내 갈등이나 어려운 부분에 대해 잘 상담해주고, 그들이 좋은 직원으로 성장할 수 있도록 끝까지 관심을 가지겠다고 다짐했습니다. 함께 나아가며 지원해주는 것이 얼마나 중요한지를 다시 한번 느끼게 되었습니다.

■ 사례2

저는 입사 시점부터 25년 동안 군대 같은 경직된 조직문화에서 생활해왔습니다. 그래서 후배와 열린 소통을 하는 방법도 잘 모르고, 그런 소통을 시도할 의지도 없었습니다. 하지만 아들과의 갈등과 충돌을 유연하게 대처하면서 합의점을 도출했던 경험이 있기에, 앞으로는 후배들에게도 기꺼이 유연하게 대하고 열린 소통을 통해 합의점을 도출하는 조직문화를 만드는 데 앞장서고 싶습니다.

■ 사례3

동료인 K님에게 뿌리 염색을 도움받았는데, 동네 미용실에서는 6만 원에서 7만 원 정도 하는 비용이 드는 일이었습니다. 도움을 받았다는 것에 감사한 마음으로 커피를 대접하고, 고마움을 전했습니다. 덕분에 뜨거운 동료애를 느낄 수 있어 기분이 좋았습니다. 또, 평소에 H님이 타주는 커피가 너무 맛있어서 "커피 좀 타 줄 수 있어?"라고 요청했더니, H님은 "당연히 타줘야지!"라고 하며 맛있게 커피를 타 주었습니다. 그 커피를 정말 맛있게 마셨고, 고맙다는 인사를 나누었습니다. 이런 작은 소통이 우리 사이를 더욱 가까워지게 하는 계기가 된 것 같습니다.

■ 사례4

24년 동안 직장생활을 하면서 가장 행복한 시간을 보내고 있다고 느끼고 있습니다. 최근 부서 이동으로 새로운 환경에 적응하는 데 심리적인 갈등이 있었는데, 마침 성품교육이 진행되어 마음을 다잡는 데 큰 도움이 되었습니다. 나이가 어린 직무 선임자로부터 새로운 업무, 즉 기술을 배우는 것이 어려움으로 다가왔지만, 경청과 존중, 특히 유용성에 대한 성품을 공부하면서 마음을 열고 회사에서 유용한 사람이 되기 위해 노력했습니다. 제 이런 노력을 보고 부서 내 직원들이 많이 도와주고 있어 매우 감사하게 생각하고 있습니다.

■ 사례5

몇 주 전에 병라인 주입실에 사고가 있었습니다 부사수가 사이다 병뚜껑을 투입 해야하는데 콜라 뚜껑으로 투입을 하게되어 불량사태가 심각한 상황으로 번지게 되는 부분이었습니다 다행이 초기에 발견이 되어 빠른수습이 되어 마무리를 할 수 있었고 부사수를 편안한 마음으로 퇴근할 수 있게 했습니다

■ 사례6

평상시 일요일에는 근무가 없지만, 배합팀에서는 조출을 해야 하는 상황이었습니다. 배합하는 동료가 힘들어하는 모습을 보고 30분 동안 도와주기로 했습니다. 제가 도와주자 동료가 무척 고마워하고 좋아하는 모습을 보게 되어 기뻤습니다. 이렇게 작은 도움으로 동료에게 긍정적인 영향을 줄 수 있어서 뿌듯했습니다.

■ 사례7

평상시 팀원들의 작업 시작 시 작업 분배 상황이 통제실과 원활하게 소통되지 않아, 작업 중 통제실에서 확인 전화가 자주 오는 것을 발견했습니다. 그래서 출근하면 팀원들의 작업 분배 내용을 미리 통제실에 알려주기로 했습니다. 그 결과, 선배님들은 작업 중에 쓸데없는 전화를 받지 않게 되었고, 통제실에서도 일일이 확인 작업을 할 필요가 없어졌습니다. 이로 인해 전체적인 업무 효율성이 높아지게 되었습니다.

■ 사례8

헬프유 및 주간 실천 계획을 모두 실천하며 동료 직원들의 니즈를 파악하고, 이를 적절하게 도와주기로 약속했습니다. 동료의 건강까지 챙기는 세심함 덕분에 함께 수업에 참여한 동료들로부터 존중받는 경험을 하게 되었습니다. 또한, 가정에서는 아들과 딸들과 소통하며 공부의 필요성에 대해 공감대를 형성하고, 스스로 학습 목표를 세울 수 있도록 도와주었습니다. 이렇게 서로 존중하고 배려하는 관계가 더욱 깊어지고 있습니다.

■ 사례9

"나보다 남을 먼저 생각하겠다"는 결심을 정하고, 올해 3월부터 생산 현장에서 함께 근무하고 있는 신입사원 P씨를 돕기로 했습니다. 같은 입사 동기로서 생산직에서 현장 적응을 위해 서로의 도움이 필요하다고 생각했기 때문입니다. 제가 포장 작업을 일찍 끝냈을 때, P씨의 라벨 작업을 지원하며 함께 일했습니다. 이러한 협력 활동을 통해 서로 인간적으로 친해졌고, 특히 기숙사에서 함께 생활하며 방 청소를 같이 하고, 서로의 택배를 받아주며 개인적인 이야기까지 공유하는 친밀한 관계로 발전했습니다.

■ 사례10

지난 야간 공정에서 불가동이 발생했을 때, 라인 사람들과 함께 문제 해결을 위해 "으샤으샤" 노력했습니다. 불량도 처리하고 뒷정리도 도와드렸습니다. 관리하시는 분이 지켜보시다가 별말 없이 가셨는데,

다음 날 출근 조회 시간에 어제의 일을 언급하며 공개적으로 칭찬해 주셨습니다. 제 유용성이 발휘된 것 같아 기분이 좋았습니다.

■ **사례11**

선배님이나 동료들과 원활한 소통을 하고 싶었지만, 평소 술을 좋아하지 않다 보니 그런 기회가 많지 않았습니다. 그래서 열린 소통을 위해 회사의 야구 동호회에 가입하기로 결심했습니다. 동료들과 함께 땀을 흘리며 대화를 나누다 보니 소통이 원활해지고, 친밀감도 더욱 깊어졌습니다. 또한, 운동을 통해 체력이 좋아지면서 에너지가 넘치게 되었고, 그 덕분에 회사에서 더욱 유용한 인재로 성장하고 있다는 것을 느끼고 있습니다.

■ **사례12**

3월 18일, 성품 실천 서약으로 "나보다 남을 먼저 생각하겠다"는 다짐을 했습니다. 이를 바탕으로 생산 현장에서 새롭게 적응하고 있는 신입 후배들을 위해 "자신이 먼저 후배들에게 인사하기"를 실천했습니다. 이러한 인사 활동 덕분에 후배들과 더욱 친해질 수 있었습니다. 그리고 4월 1일에는 2주 전에 정한 "피하지 않고 도울 일을 찾겠다"는 서약을 다시 한번 다짐했습니다. 집안에서 여자친구 문제로 반대하는 친구가 고민하고 있을 때, 그의 이야기를 3시간 동안 경청하며 친구가 스스로 문제를 해결할 수 있도록 도움을 주었습니다. 이러한 경험들이 저에게도 많은 의미가 있었습니다.

■ 사례13

지난 주에 헬프유 미팅을 2명의 동료와 진행했습니다. 첫 번째로, 같은 팀의 후배와 미팅을 가졌습니다. 저는 후배에게 "내가 업무 경험이 더 많으니 청소 등 업무를 할 때 작업서에 기록되지 않은 부분들을 알려주겠다"고 말했고, 후배는 "보조 역할을 더 열심히 하겠다"고 다짐했습니다. 또한, "내가 고정관념에 빠져 습관적으로 하는 업무 방식이 있다면, 젊은 감각으로 피드백을 해달라"고 요청하자 후배는 알겠다고 했습니다. 두 번째 미팅은 폐수 처리를 맡고 있는 팀 실장님과 진행했습니다. 제가 도움을 받고 싶은 부분을 말씀드리니, 실장님께서는 요즘 폐수 용량이 많아 부서에서 폐수를 줄일 수 있도록 노력을 부탁하셨고, 배출하기 전에 재생이 가능한 것은 없는지 사전 작업을 적극적으로 해달라고 요청했습니다. 저는 실장님께 "폐수 처리 전문가이시니 우리 팀에서 하는 폐수 관련 업무에 대해 더 도와달라"고 요청했습니다. 이렇게 함께 대화를 나누면서 서로의 고충에 대해 알게 되었고, 관계가 더욱 좋아진 것 같습니다.

■ 사례14

세 명의 신입사원이 우리 쪽에 배치되어, 저는 그들에게 관심을 가지고 일을 보살펴주고 있었습니다. 그런데 얼마 전에 한 신입사원이 회사를 그만두려는 기미가 있는 것을 발견하게 되었습니다. 회사 일이 본인과 잘 맞지 않아 그만두는 것이라면 어쩔 수 없는 일이지만, 만약 사람이 힘들어서 그만두려 한다면 선배로서 그 사실을 인정하고 싶지 않았습니다. 그래서 저는 적극적으로 면담을 통해 신입사원의 마음을 돌이키려 노력했습니다. 그 결과 참으로 다행스럽게도 신입사원이 회사에 남기로 결정했습니다. 이렇게 유용한 선배로서 역할을 하게 되어 마음 한 켠에 작은 보람이 생겼고, 성품 훈련을 통해 이뤄낸 값진 결과라고 생각합니다.

7장

성품교육 사례 (2)
캐릭터코칭

1 캐릭터코칭이란

세계적인 캐릭터교육 전문기관인 IBLP의 성품개발 프로그램으로서 성품 개발을 원하는 조직의 리더들을 대상으로 성품 개발을 촉진하는 제반 활동이다.

2 코칭모델

ACE 코칭 모델은 개인의 문제를 인식하고 행동으로 옮겨 실행력을 강화하는 세 가지 주요 단계(Aware, Character, Execute)로 구성된 프로세스이다. 이 모델은 문제 해결에만 초점을 맞추는 것이 아니라, 코칭 대상자의 성품과 행동을 함께 발전시키며 지속 가능한 성장을 도모하는 데 목적이 있다.

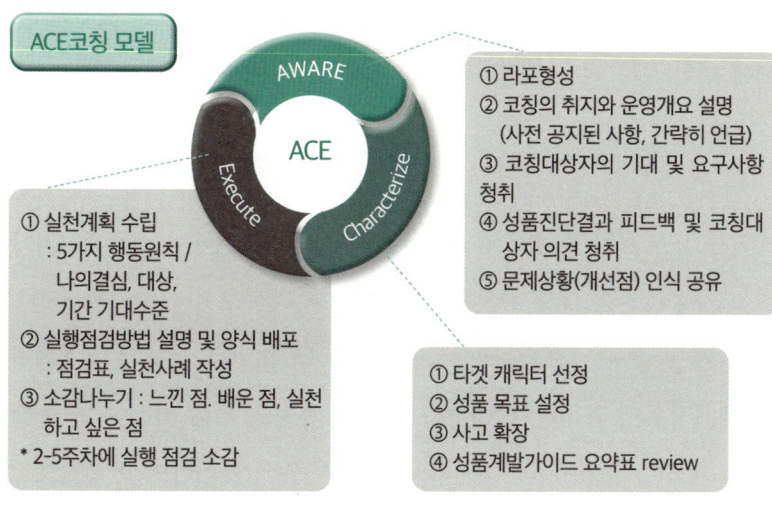

첫 번째 단계인 Aware(인식) 단계는 코칭 대상자가 현재의 문제 상황이나 개선이 필요한 영역을 명확히 인식하도록 돕는 단계이다. 이 단계에서는 코칭의 취지와 운영 방식에 대해 설명하며, 대상자와 신뢰 관계(라포)를 형성한다. 대상자가 자신의 문제를 스스로 인지할 수 있도록 대화를 통해 문제 상황과 개선점을 공유하고, 성품 진단 결과나 피드백을 기반으로 현실을 객관적으로 바라보게 한다. 또한, 대상자의 기대와 요구 사항을 파악하여 코칭의 방향성을 설정한다.

두 번째 단계인 Character(성품) 단계는 문제 해결을 위한 구체적인 목표를 설정하고, 대상자의 성품을 바탕으로 해결 방안을 구체화하는 단계이다. 이 단계에서는 코칭 대상자가 자신의 성격적 강점과 잠재력을 인식하게 하고, 이를 통해 목표를 달성할 수 있는 방안을 확립하게 한다. 코치와 대상자는 함께 구체적이고 실행 가능한 목표를 설정하며,

다양한 관점을 통해 사고를 확장한다. 이를 통해 대상자는 자신의 문제에 대한 보다 깊은 통찰과 실행 가능성을 확보하게 된다.

마지막 단계인 Execute(실행) 단계는 설정한 목표를 바탕으로 실천 계획을 세우고 이를 실행에 옮기는 단계이다. 이 단계에서는 대상자가 실천 가능하도록 행동 원칙을 정립하며, 계획을 구체적으로 설계한다. 실행 과정 중에는 점검표와 사례 작성 등의 도구를 활용하여 실행력을 체계적으로 관리한다. 대상자는 실천 과정을 통해 자신이 배운 점과 느낀 점을 돌아보고, 개선이 필요한 부분을 찾아가며 반복적으로 실행력을 강화하게 된다.

ACE 코칭 모델은 이처럼 Aware에서 문제를 인식하고, Character에서 성품을 강화하며, Execute에서 이를 행동으로 체화시키는 순환 구조를 가지고 있다. 이를 통해 대상자는 단기적인 문제 해결을 넘어 지속 가능한 변화를 이끌어낼 수 있다.

3 코칭프로세스

캐릭터 코칭의 코칭 프로세스는 초기 진단부터 지속적인 실행과 성찰로 이어지는 체계적인 과정을 통해 코칭 대상자의 성품과 행동 변화를 이끄는 데 초점을 맞추고 있다.

에센스 진단	OT 워크숍	1회기	2~5회기	6회기

• 코칭 1-2주전
• 360도 다면진단
  (본인, 동료, 가족, 지인)
• 리더십 에센스 11개 항목
• 온라인 설문
• 15분 내외 소요
	• 집합교육
	• 1.5시간
	• 내용
	 - 캐릭터 코칭이란?
	 - 캐릭터란?
	 - 캐릭터 진단이란?
	 - 코칭 세션 운영 설명
	 - 코칭동의서 작성 등
		• 대면방식
		• 1.5시간
		• 내용
		 - Welcome 인사, 라포형성
		 - 자존감 높이기
		 - 진단결과 Debriefing
		 - 해결이슈/아젠다 선정
		 - 코칭목표/실행 계획세우기
		 - 코칭 소감나누기 과제 안내
		 - 다음 코칭 일자 정하기
		 - 코칭 로그 작성
			• 비대면(전화, Zoom)
			• 1.5시간
			• 내용
			 - 라포
			 - 지난 주 실행과제 나눔
			 - 캐릭터나무기
			   (조직 내 기대 상)
			 - 단계별 실행과제 선정
			 - 단계별 실행계획 수립
			 - 코칭 소감나누기 과제 안내
			 - 다음 코칭일자 정하기
			 - 코칭 로그 작성
				• 비대면(전화, Zoom)
				• 1.5시간
				• 내용
				 - 라포
				 - 지난 주 실행과제 나눔
				 - 과정 Wrap-up 성공 리마인드
				 - Ongoing Acton Plan

첫 번째 단계는 에센스 진단으로, 대상자의 현재 상태와 성품을 객관적으로 분석하는 과정이다. 이를 통해 대상자의 문제 상황, 강점, 개선 필요성을 파악하며, 코칭 과정의 방향성을 설정한다. 진단 결과는 대상자가 자신의 상태를 인식하고 코칭 목표를 명확히 설정하는 데 중요한 역할을 한다.

이후 진행되는 OT워크숍(오리엔테이션 워크숍)**은 코칭의 전반적인 과정과 목적을 안내하는 단계이다. 이 워크숍에서는 코칭 대상자와 신뢰 관계(라포)를 형성하며, 코칭의 취지와 기대 효과를 공유한다. 또한, 성품 계발과 행동 변화를 위한 목표를 설정하고, 코칭의 기본 틀을 제공한다.

워크숍이 끝난 후, 1회기 코칭이 시작되며, 대상자는 코칭 목표에 따라 구체적인 행동 계획을 수립한다. 이 단계에서는 작은 실행 목표를 설정하여 대상자가 실천 가능성을 느끼고 첫발을 내딛을 수 있도록 돕는다. 1회기는 코칭의 첫 실행 단계로서 대상자가 본격적으로 변화를 체감하는 시작점이다.

2~5회기에서는 계획된 행동을 반복 실행하며 점검과 피드백 과정

을 통해 실행력을 강화한다. 이 단계는 코칭의 핵심 과정으로, 대상자는 자신의 실행 결과를 성찰하고 배운 점을 공유하며 점진적인 개선을 이루어 나간다. 반복적인 실행과 점검은 대상자가 행동 변화를 습관화하고 성과를 체화하는 데 중요한 역할을 한다.

마지막으로, 6회기에서는 그동안의 성과를 정리하고 목표 달성을 위한 최종 점검을 진행한다. 이 단계에서는 대상자가 자신이 이룬 변화를 돌아보고, 앞으로의 실행 계획을 스스로 수립하도록 돕는다. 이를 통해 코칭은 대상자의 자율성과 지속 가능성을 강화하며 마무리된다.

이와 같은 프로세스는 코칭 대상자가 단기적인 목표 달성에 그치지 않고 장기적인 성품 변화와 행동 개선을 이뤄낼 수 있도록 설계되어 있다.

리더십 에센스 진단

리더십 에센스 진단 모델은 리더십을 구성하는 핵심 요소를 체계적으로 진단하고, 이를 통해 리더십 역량을 강화하기 위한 방향성을 제시하는 도구이다. 이 모델은 크게 가치지향, 대인관계, 업무성과의 세 가지 축으로 구성되며, 각 요소는 리더십의 주요 역량을 나타낸다.

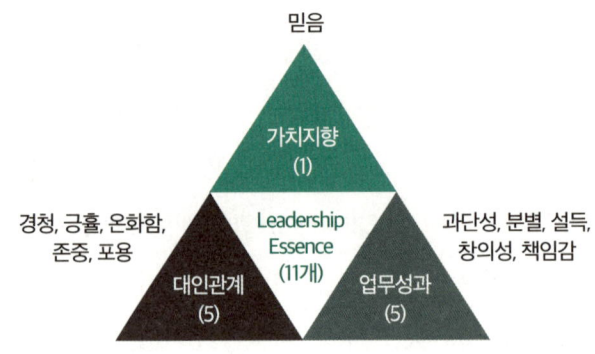

가장 상단에 위치한 가치지향은 리더십의 중심 철학과 비전으로, 조직과 개인의 행동을 이끄는 핵심 가치와 방향성을 의미한다. 이 요소는 리더가 내면적으로 추구해야 할 기본적인 믿음과 원칙을 포함하며, 조직의 문화와 정체성을 형성하는 데 중요한 역할을 한다. 가치지향은 리더십의 본질적인 기반으로 작용하며, 모델의 정점에 위치함으로써 이를 다른 두 축과 연결하는 핵심적인 역할을 한다. 믿음 성품이 여기에 해당된다.

대인관계는 리더십의 인간적인 측면을 강조하며, 리더가 조직 구성원들과 맺는 관계의 질을 나타낸다. 대인관계 역량에는 경청, 공감, 온화함, 존중, 포용과 같은 요소가 포함되며, 리더가 사람들과 신뢰를 형성하고 긍정적인 관계를 유지하기 위해 필요한 능력을 의미한다. 이는 리더십의 감정적 지지 기반을 강화하고, 조직 내 협업과 조화를 촉진하는 데 중요한 역할을 한다.

업무성과는 리더가 구체적인 결과를 달성하기 위해 필요한 실행 능력과 성과 관리 역량을 나타낸다. 여기에는 목표 설정, 문제 해결, 계획 수립, 성과 평가와 같은 요소들이 포함된다. 업무성과는 리더가 조직의 목표를 효과적으로 달성하고, 성과 중심의 문화를 조성하는 데 필요한 기술적이고 실질적인 측면을 반영한다.

이 모델의 전체적인 구조는 리더십의 균형을 강조한다. 가치지향이 중심에서 리더십의 방향을 설정하고, 대인관계와 업무성과가 이를 보완하며 리더의 역량을 다각적으로 강화한다. 그러나 리더십에서 경계해야 할 부분도 함께 제시된다. 지나친 과단성, 분별력 부족, 설득 실패와 같은 문제들은 리더십을 약화시키는 요인으로 작용할 수 있으며, 이를 방지하기 위해 각 요소를 조화롭게 발휘하는 것이 중요하다.

리더십 에센스 진단 모델은 리더가 자신의 강점과 약점을 진단하고, 이를 바탕으로 균형 잡힌 리더십을 개발할 수 있도록 돕는 데 그 목적이 있다. 이를 통해 리더는 조직 내에서 보다 효과적이고 영향력 있는 역할을 수행할 수 있다.

리더십 에센스 진단 예시는 아래 그림과 같다.

이 진단은 일반적인 성격 검사와는 달리 다면 진단으로 진행되는데, 그 이유는 개인 특성에 초점을 두는 성격 검사와는 달리 성품은 관계 속에서 형성되고 발휘되기 때문이다. 자기 자신을 비롯하여 가족, 직장 동료, 친구 등 내가 자주 만나고 있는 사람들의 시각에서 나를 진단해 봄으로써 좀 더 객관적이고 유의미한 진단 결과를 얻을 수 있다.

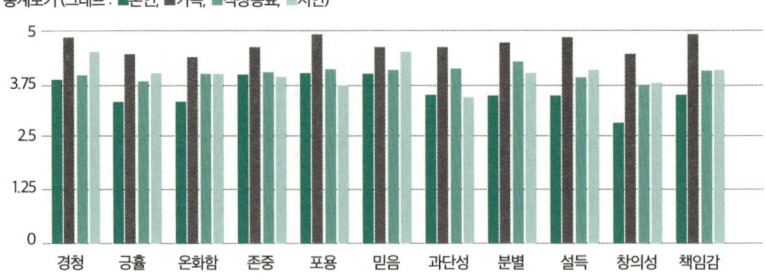

리더십 에센스 진단(예시)

이름	경청	긍휼	온화함	존중	포용	믿음	과단성	분별	설득	창의성	책임감
이름	경청	긍휼	온화함	존중	포용	믿음	과단성	분별	설득	창의성	책임감
-	3.83	3.33	3.33	4.00	4.00	4.00	3.50	3.50	3.50	2.83	3.50
가족평균	4.83	4.44	4.39	4.61	4.94	4.61	4.61	4.72	4.83	4.50	4.94
가족1	5.00	5.00	4.83	4.83	5.00	4.83	4.50	5.00	4.83	4.67	4.83
가족2	4.50	3.33	3.50	4.00	4.83	4.33	4.33	4.17	4.67	3.83	5.00
가족3	5.00	5.00	4.83	5.00	5.00	4.67	5.00	5.00	5.00	5.00	5.00
직장동료평균	3.95	3.83	4.00	4.05	4.11	4.11	4.11	4.28	3.94	3.72	4.06
직장동료1	4.67	4.33	4.50	4.50	4.67	4.67	4.50	4.50	4.50	4.33	4.67
직장동료2	3.50	3.33	3.33	3.83	3.83	3.83	4.17	4.00	3.50	3.50	3.67
직장동료3	3.67	3.83	4.17	3.83	3.83	3.83	3.67	4.33	3.83	3.33	3.83
지인평균	4.50	4.00	4.00	3.92	3.75	4.50	3.42	4.00	4.09	3.75	4.09
지인1	4.17	4.00	4.00	4.17	3.17	4.50	3.50	3.83	4.00	3.83	3.67
지인2	4.83	4.00	4.00	3.67	4.33	4.50	3.33	4.17	4.17	3.67	4.50
전체평균	4.42	4.10	4.15	4.23	4.33	4.40	4.13	4.38	4.31	4.02	4.40

본인의 진단 결과와 타인의 진단 결과를 비교 분석해 봄으로써 자신의 강점 요인과 약점 요인을 찾아낼 수 있고 코칭을 목표 성품을 결정하는 데 유용하게 활용될 수 있다.

4 실시 현황 및 교육성과

캐릭터코칭은 K협회, NP사, K화학, HL사, H사 의 임원, 팀장, 중간관리자를 대상으로 실시되었다.

캐릭터 코칭 과정의 성과는 정량적 만족도 조사와 코칭 대상자의 정성적 반응을 통해 입증되었다. 먼저, 교육만족도 설문조사 결과에서 전반적인 만족도가 5.0 만점 중 4.95라는 매우 높은 점수를 기록하였으며, 타인 추천 의향, 개인 삶에 대한 도움 정도, 업무에서의 도움 정도 역시 각각 4.95로 나타났다. 이는 코칭 과정이 개인과 업무 전반에 걸쳐 실질적인 도움을 주었다는 점을 보여준다.

코칭 후에 이루어진 개별 인터뷰에서 코칭 대상자들의 반응은 캐릭터 코칭이 리더십 변화 뿐만 아니라 인간관계와 업무 협업에 폭넓은 시야를 제공하며 관계 형성에 도움을 준다는 점에서 높은 평가를 받았다. 리더십 에센스 진단을 통해 자신이 주변 동료, 지인, 가족들에게 어떻게 비춰지고 있는지를 명확히 인식할 수 있었으며, 이를 통해 변화의 필요성을 절감하게 되었다는 피드백이 있었다. 특히, 기존의 코칭 경험이 많아 특별한 기대 없이 참여했던 대상자조차도, 코치가 제시한 구체적인 행동원칙과 결심을 통해 실질적인 실천을 가능하게 한 점이 큰 차별점으로 작용하였다.

캐릭터 코칭은 기존의 리더십 코칭이 직장 내 성과와 목표 달성에 초점을 맞췄던 것과 달리, 개인의 삶, 가정, 그리고 직장 생활 전반에 변화를 가져오는 데 초점을 맞춘다. 이러한 특성 덕분에 코칭 대상자들은 단순히 직무 관련 역량 뿐만 아니라, 개인의 전반적인 삶의 질을 향상시키는 데에도 의미 있는 성과를 얻을 수 있었다고 평가하였다.

이와 같은 결과는 캐릭터 코칭이 개인의 성품 변화와 관계 개선, 그리고 이를 통한 삶의 균형 있는 성장을 가능하게 하는 강력한 프로그램임을 보여준다.

맺음 말

성품교육은 개인과 조직의 성과를 극대화하면서도 균형 잡힌 삶을 유지하고 효과적인 소통과 신뢰를 통해 긍정적인 업무 환경을 조성하는 데 기여한다고 할 수 있다.

첫 번째는 Well-Working(신뢰성)이다. 4차 산업혁명시대의 핵심 화두인 신뢰를 기반으로 개인과 조직이 효율적으로 일할 수 있는 환경을

조성하며, 지속적인 생산성과 전문성을 확보하는 데 기여한다.

둘째는, Well-Balanced (성품 조직, 성품 가정)이다. 업무와 개인 생활 간의 조화를 이루는 것이 중요하며, 이 균형을 통해 지속 가능한 발전과 행복, 즉 진정한 '워라벨 라이프'를 추구할 수 있는 것이다. 성품이 훈련된 사람들은 퇴근 후 가족과 보내는 시간이 더 행복할 것이기 때문이다.

셋째는, Well-Communication (소통의 속도와 질)이다. 빠르고 명확하며 진정성 있는 소통을 통해 관계의 질을 높이고, 업무의 효율성을 증진하는데 기여한다. 이는 성품 언어와 행동, 태도로 세팅 된 직원들은 신속하고 원활한 소통이 이루어지기 때문이다.

결론적으로 성품교육은 신뢰, 균형, 소통이라는 세 가지 핵심 요소를 통해 개인의 성장과 조직의 발전을 동시에 이루도록 돕는 강력한 혁신 프로그램이다.

거장 미켈란젤로는 벽화 '천지창조'를 그릴 때 아무도 보지 않는 곳까지 정성을 다해 그렸다고 한다. 그걸 본 친구가 "자네는 왜 아무도 보지 않을 곳까지 그렇게 애를 써서 그리는 건가?"라고 묻자, 미켈란젤로는 "내가 본다네."라고 대답했다고 한다. 그의 이러한 철저함의 성품이 세계적인 걸작을 그려내는 원동력이었다고 할 수 있을 것이다.

미켈란젤로의 유명한 명언 한 마디가 성품교육의 모든 것을 대변해주는 것 같아 적어 본다.

"작은 일이 완벽함을 만든다. 그러나 완벽함은 더 이상 작은 일이 아니다."

[참고문헌]

탐 힐(Tom Hill) 외. 2016. 위기극복의 힘 성품DNA. IBLP Korea.

탐 힐(Tom Hill) 외. 2017. 위기극복의 힘 인성수업. 한언.

아이비엘피(IBLP). 2013. 진정한 성공의 길. IBLP Korea.

아이비엘피(IBLP). 2020. 진정한 성공을 위한 능력. IBLP Korea.

대니엘 코일. 2021. 탈렌트 코드. 웅진지식하우스.

로버트 L. 투르크넷 과 캐롤린 N.. 2015. Decent People, Decent Company : How To Lead With Character At Work And In Life.

패트리셔 애버딘. 2006. 메가트랜드 2010. 정림출판.

애덤 그랜트. 2024. 히든 포텐셜. 한국경제신문.

헨리 클라우드. 2021. 인테그리티(Integrity): 성과를 만드는 성품. 연암사.

데이비드브룩스. 2015. 인간의 품격. 부키.

로버트 롤런드 스미스. 2013. 현실을 상상하라. 어크로스.